Arctic Circle

Arctic Circle Trail

Trekking auf Grönland

von

Klaus Heyne

Arctic Circle Trail

Copyright © 2020
Klaus Heyne
2. Aufl.
Herstellung und Verlag:
BoD - Books on Demand, Norderstedt

ISBN 9783751995757

Bibliografische Information der Deutschen Nationalbibliothek

Die Deutsche Nationalbibliothek verzeichnet diese Publikation in der Deutschen Nationalbibliografie; detaillierte bibliografische Daten sind im Internet über http://dnb.d-nb.de abrufbar.

Life is all, all is life!

Hivshu

Die größte Entfernung im Dasein des Menschen
ist weder von hier nach dort
noch von dort nach hier.

Nein, die größte Entfernung im Dasein des Menschen
ist von seinem Verstand zu seinem Herzen.

Nur, indem er diese Distanz überwindet,
lernt er, wie ein Adler zu segeln
und seine innere Unermesslichkeit wahrzunehmen.

Angaangaq Angakkorsuaq

Sassuma Arnaa

Tasama naqqaniippoq
taanna Sassuma Arnaa
assassui aa
inuaali sumippat
nujarsui ilattut
qamani uummammini
naalliuutimisut
Taanna tamaniippoq
anaanani paniinilu
anniaat nalunartoq
artornartoq
ilatsinneqartoq
nunap perujuinit mingunnit
inuuneranik
nutsutsisoq ammut
toqussaanut allaat.

Meeresmutter

Dort unten ist sie
die Meeresmutter
mit großen Händen und abgehackten Fingern
das Haar verfilzt
von Herzflussschmerzen
sie wohnt in allen Schwestern
und Müttern
ihre unbekannten Sorgen
so schwer, so verklebt
vom schwarzen Dreck der Erde
unser Leben belastet
von ihrem Tod.

Jessie Kleemann

Klaus   Niklas

Inhaltsverzeichnis

Arctic Circle Trail

Warum eigentlich dieses Mal **nicht nach Lappland**?

Ich weiß gar nicht mehr, welcher Auslöser mich dazu verleitet hat, Grönland als Wanderziel ins Auge zu fassen. Dennoch ist die Antwort auf die Eingangsfrage leicht zu geben. Zum einen unterliege auch ich dem zeitlichen Verfall alles Irdischen mit stetig abnehmender körperlicher Leistungsfähigkeit: Das heißt: Wenn nicht jetzt, wann dann? Zum anderen steht zu befürchten, dass die grandiosen Naturschauspiele Grönlands eher über kurz als über lang unwiderruflich dem Klimawandel zum Opfer gefallen sein werden.

Grönland ist mein bisher exotischstes Reiseziel; die Gegend um den Polarkreis aber nicht das nördlichste. Dem Namen der größten Insel unseres Globus haftet schon etwas Urwüchsiges, und wegen des fast alles bedeckenden Eisschilds (ca. 80% der Landmasse) auch Lebensfeindliches an. Der Eisschild ist maximal bis zu 3400 und durchschnittlich bis zu 2000 Meer mächtig. Die Insel ist 2650 km lang, maximal 1200 km breit und besitzt somit knapp ein Drittel der Fläche Australiens.

Ich bin gespannt, was mich erwartet. Ein wenig verspüre ich Entdeckergefühle wie weiland Erik der Rote vor 1000 Jahren. Im Jahre 982 hatte der Isländer Eirikur Thorvaldsson, genannt Erik der Rote, Dreck am Stecken und musste seine Heimat Island als Geächteter für drei Jahre verlassen. In dieser Zeit erkundete er die Westküste und den Süden Grönlands. Das Land mit seinen saftigen Wiesen für Rinder und Schafe, fischreichen Flüssen und genug Platz für den Bau von Höfen mit reichlich Treibholz entsprach genau den Vorstellungen der isländischen Bauern. Im Jahre 985, nach Aufhebung seines Banns, überzeugte Erik 300-400 seiner Landsleute, ihm ins „grüne Land" zu folgen. Die Klimaverhältnisse waren im 10. Jahrhundert wesentlich besser als heutzutage. Allerdings wusste man damals nicht, dass gerade eine Warmzeit herrschte, die nur wenige Jahrhunderte anhielt.

Etwa im Jahr 1000, lange vor Kolumbus, entdeckte Eriks Sohn Leif, also Leif Eriksson, die nordamerikanische Ostküste
Um 1300 veränderte sich das Klima. Die Temperaturen fielen um etwa 2° Celsius, was die durchschnittliche Zahl der Regentage pro Jahr ansteigen und die Winter ungleich schneereicher werden ließ. Heuernten verregneten, was sich auf die Viehhaltung auswirkte. Im Zuge all dieser Veränderungen brach auch der Handel zum übrigen Europa ab. Schließlich sorgte der Klimawandel dafür, dass die Nordmänner ab dem 15. Jahrhundert entweder nach Island oder vielleicht sogar nach Amerika auswanderten.

Welche Witterungsbedingungen und geografische Besonderheiten werden wir vorfinden und mit welchen Gefahren – auch in der heutigen Zeit – müssen wir rechnen? Wie steht es mit blutrünstigen Wildtieren – außer der Mücken? Muss man sich vielleicht bewaffnen?

 Wildtiere

*Eisbär (**Nanoq**) - Es gibt seit Jahrzehnten keine Aufzeichnungen über Menschen, die von Eisbären getötet wurden. Wenn aber ein Eisbär angreift und du keine Mittel hast, um dich zu schützen, sind deine Überlebenschancen gering.*

*Grönländischer Schlittenhund (**Qimmeq**) - Schlittenhunde sind Wildtiere mit Raubtierinstinkt. Deshalb sind sie immer angebunden, wenn sie nicht arbeiten – besser nicht einfach berühren.*

*Moschusochse (**Umimmak**) - Moschusochsen sind wie riesige Ziegen, aber wenn sie heiß sind, können sie ziemlich aggressiv werden. Ihr Verhalten kann unvorhersehbar sein. Moschusochsen sind häufig in der Umgebung von Kangerlussuaq anzutreffen.*

*Walross (**Aaveq**) - Männliche Walrosse können sich wie große, böse Bullen verhalten, wenn man ihr Territorium betritt und sie belästigt. Sie können kleine offene Boote angreifen und möglicherweise den Rumpf durchbohren.*

*Polarwolf (**Amaroq**) - Rudel von arktischen Wölfen sind in Grönland extrem selten und leben meist in den abgelegenen nördlichen und nordöstlichen Teilen Grönlands.*

*Rentier (**Tuttu**) - Rentiere haben im Allgemeinen große Angst vor dem Menschen. Sie sind in Westgrönland weit verbreitet.*

*Außerdem: Schneehase (**Ukaleq**), Adler (**Nattoralik**), Polarfuchs (**Qaqortaq**).*

Je mehr ich mich mit dem Thema Grönland befasste, desto faszinierter wurde ich. Ich merkte bald, dass es vornehmlich der (fast) alles bedeckende Eisschild war, der letztlich den Ausschlag gab und auf dem ich mit eigenen Füßen stehen wollte. Das sollte der Höhepunkt der Reise werden und der Besuch des Eisschilds folglich an einem der letzten Tage stattfinden.

Die Zeit davor soll dem Arctic Circle Trail (kurz: ACT) gewidmet werden, ein Wanderweg, der in der eisfreien Zone an der Westküste zwischen der Küstenstadt Sisimiut und dem ehemaligen amerikanischen Militärstützpunkt Kangerlussuaq im Inland über ca. 170 km nahe des nördlichen Polarkreises verläuft. Der ACT verläuft relativ geradlinig in Ost-West-Ausrichtung und wird vom Großteil der Wanderer auch so gelaufen: von

Kangerlussuaq im Landesinneren nach Sisimiut an der Küste. Das ist vermutlich dem Umstand geschuldet, dass die Touristen auf internationalen Flügen anreisen, die die größere Landebahn in Kangerlussuaq benötigen. Damit unser Plan mit dem Eisschild aufgeht, wollen wir entgegengesetzt der üblichen Gehrichtung laufen. Das bedeutet, in Kangerlussuaq innerhalb einer Stunde noch einmal in eine kleinere Propellermaschine mit etwa 40 Plätzen umzusteigen und zur Küste weiterzufliegen.

Der ACT selbst stellt keine besonderen Anforderungen an den Wanderer: die niedrigste Höhe ist NN (Meereshöhe), die höchste Höhe ca. 500 m über NN. Dazwischen gibt es natürlich ein ewiges Auf-und-Ab. Die längste und steilste Steigung bietet die östliche Begrenzung von Ole's Laksedalen mit ca. 300 Höhenmetern auf nur 1000 Streckenmeter. Das ist rauf wie runter gleich kräftezehrend und wird nur verstärkt durch die auf dem Rücken mitgeführte Zuladung (vgl. Höhenprofil der Gesamtstrecke auf S. 123).

Es gibt eine Handvoll Hütten entlang des Pfades (Liste am Ende des Buches im Anhang). Allerdings ist es wegen der relativ großen Abstände dazwischen (i.d.R. 20+ km) nicht empfehlenswert, die Route als reine Hüttentour zu begehen. Die meisten Hütten sind ziemlich klein (3-6 Schlafplätze) und in keiner gibt es Kocher-Hardware wie man es vielleicht aus Skandinavien kennt. Eine kleine Kochecke ja, aber Kocher und Brennstoff muss man selbst beisteuern. Im größeren Kanucenter und der Innajuattoq-Hütte zum Beispiel, kann der Innenraum theoretisch mit einem Petroleumofen erwärmt werden. Vorausgesetzt, es ist entsprechender Brennstoff vorhanden – worauf man sich nicht verlassen sollte – und man kommt mit der Handhabung klar. Es sollen schon Hütten durch unsachgemäßes Anblasen eines solchen Ofens ein Raub der Flammen geworden sein.

Das Zelt zuhause zu lassen ist demnach die einzige effektive Möglichkeit zur Gewichtersparnis. Diese erkauft man sich allerdings mit dem Verzicht auf Flexibilität zu spontanen Übernachtungen an schönen Plätzen oder eingeschobenen, lastbefreiten Ausflügen außerhalb der nahen Hüttenumgebung; etwa auf erreichbare Berggipfel am Wegesrand.

Das Publikum auf dem ACT zieht sich durch alle Generationen. Zwischen 17 und 70 Jahren ist uns alles begegnet: die 4-köpfige Girlie-Group aus Berlin, der Mittvierziger aus Irland, der Stuttgarter in den Fünfzigern, der Ami Anfang dreißig aus Washington DC, der kanadische Salamispender Ende zwanzig und die geführte Horde aus Skandinavien mit einem geschätzten Durchschnittsalter von 55 Jahren. Kohorten, Kleingruppen, Zweiergespanne und Einzelwanderer mit Gleichverteilung der (klassischen) Geschlechter – es war alles dabei.

Aus der erwarteten Einsamkeit wie wir sie aus dem menschenleeren SAREK Nationalpark in Schwedisch-Lappland kennen und schätzen, wurde hier nichts. Dort hatten wir 5 *Sichtungen* auf Menschen in 20 Tagen, während es hier ca. 45 *Begegnungen* in 13 Tagen werden sollten. Das entspricht einer Steigerung des arithmetischen Mittels von 0,25 Menschen/Tag auf 3,45 Menschen/Tag. Mit einem Wort: total überlaufen.

Nichtsdestotrotz waren die kurzen Pläusche am Wegesrand und die längeren Konversationen an und in den Hütten durchweg immer amüsant.

Während die Pinguin-Frage auf der nördlichen Halbkugel keine Rolle spielt, drängt sich hier dafür das Eisbär-Thema in den Vordergrund. Immerhin sind die Kerls hier zuhause. Allerdings treiben sich die Weißpelze viel lieber noch weiter nördlich herum. Hier unten im Südwesten, in Polarkreisnähe, soll die Wahrscheinlichkeit einem Eisbären zu begegnen, gegen Null gehen. Falls es wider Erwarten doch zu einer unheimlichen Begegnung mit der weißbepelzten Art kommt, bietet „VisitGreenland", die nationale grönländische Tourismusbehörde, auf ihrer Homepage Verhaltensregeln an. Je nachdem in welche Situation man gerät, lernt man hier am grünen Tisch erprobte(?) Verhaltensweise kennen (s. nächste Seite).

 Eisbären

Nanoq, der weiße Eisbär, ist das größte Landraubtier der Welt und schmückt Grönlands Wappen als Symbol für Stärke und für ein weites Land.
Wie wahrscheinlich ist es, einem Eisbären beim Wandern in Grönland zu begegnen? Im Allgemeinen findet ein Zusammentreffen selten bis gar nicht statt. In Grönland leben die Eisbären im nördlichsten Bereich von Westgrönland und in Nordostgrönland.

Statistische Untersuchungen über Begegnungen zwischen Eisbär und Mensch unterscheiden zwischen „Angriff (Attack)" und „Annäherung (Charge)" mit den folgenden Definitionen.
*Ein **Angriff** ist, wenn ein Eisbär physischen Kontakt mit einer Person aufnimmt.*
*Eine **Annäherung** ist, wenn sich ein Eisbär bewusst auf einen Menschen zubewegt, um ihn anzugreifen.*

Im Gegensatz zu anderen Bären geben Eisbären keine Warnzeichen, um Menschen abzuschrecken. Im Zeitraum von 2012-2017 wurden 16 Eisbär-Annäherungen und 2 Eisbär-Angriffe registriert, bei denen Menschen verletzt, aber nicht getötet wurden. In den letzten 25 Jahren gab es keine Todesfälle durch einen Eisbär-Angriff in Grönland.

(www.visitgreenland.com)

WHAT TO DO IF YOU MEET ONE?

Here's how you should act

1 The bear does not see you
Move away very quietly while staying out of sight. Position yourself so that the wind doesn't carry your scent towards the bear.

2 The bear sees you but stays calm
You move away from it very slowly and quietly sideways, while keeping an eye on it.

3 The bear is curious and begins to move nearer
Wave your arms and make loud noises. Shout loudly or bang things together like two water bottles or a canteen and its cup lid. Prepare weapon or signal flares.

4 The bear charges for an attack
Explode a signal flare directly in front of it. Prepare to shoot in self defense. If the bear continues to charge, aim right under its chin and shoot.

5 The bear attacks
Fight with all possible remedies, like a knife or a stick. Kick or hit it hard on its nose and/or eyes. Protect your head, neck and core as best as possible.

6 You manage to escape a bear attack
Call for help via mobile, VHF radio or satellite phone.

(Quelle: visitgreenland.com)

Na, dann kann es ja losgehen. Die Jahreszeit ist mit Spätsommer ideal, was das Wetter betrifft. Damit einher gehen leider auch andere Dinge (Stich(!)wort: Mücken) – aber einen Tod muss man letztlich sterben. Wir reisen am 17. August aus Düsseldorf ab und werden am 9. September dort wieder landen.

Niklas und ich freuen uns wie Bolle auf die Reise und ich bin stolz und glücklich darüber, dieses nicht alltägliche Vater-Sohn-Ding zu machen.

17./18. August – Anreise + Nasaasaaq

| Flughafen Kopenhagen | 7-Eleven | Flughafen Kangerlussuaq |
| Flughafen Sisimiut | Vandrehjem | Nasaasaaq | Mückenschwärme |

Flughafen Kopenhagen, 4 Uhr morgens. Es kommt wieder Leben in die Bude. Unablässig werden Trolley-Koffer von hier nach dort und wieder zurück über die glatten 50x50-cm-Fliesen der Abflughalle gerollt. Davon unbeeindruckt pennen die, die auf verschiedenen unbequemen Sitz-Varianten in der Halle tatsächlich in Schlaf gesunken sind, einfach weiter. Der Rest des bunten und vermutlich internationalen Publikums hat sich so wie wir durch die Nacht gequält und hofft auf etwas Erholung während der nächsten Flugetappe.

Dabei hatte alles gut angefangen. Die Frauen haben uns gestern so rechtzeitig nach Düsseldorf verfrachtet, dass wir Zeit satthatten, um entspannt einzuchecken. Was auch relativ problemlos vonstattenging. Die Rucksäcke bewegten sich deutlich unter der 20-kg-Marke und die mehr oder minder voluminösen Handgepäckstücke wurden kaum beachtet.

Ein wenig Unsicherheit gab es nur, als der apathische Gepäckabfertiger sich irgendwie vertan und einen der beiden Rucksäcke möglicherweise mit einem durch seine vorherige Computermanipulation falschen Etikett aufs Gepäckband entlassen hatte. Hin-und-her-löschen und neu erfassen der Daten als der Rucksack schon gar nicht mehr in Sichtweite war, ließen doch leisen Zweifel daran aufkommen, ob er nicht vielleicht doch durch Erdteile von uns getrennt irgendwo anders landen würde.

„Alles ist gut!" Der treue Dackelblick versprüht innere Gelassenheit und Zuversicht, die ansteckend wirkt. Wird schon werden!

Wir haben noch reichlich Zeit und können gemütlich zum Security-Check schlendern. Ist auch recht übersichtlich hier. Keinerlei Gedränge, wenig Reisende. Es folgt die übliche Prozedur: Taschen leeren, Schuhe ausziehen (wegen der Metallösen für die Schnürsenkel), Leibesvisitation. Dann direkt in den Flieger, bei gutem Wetter abheben und gleich bis über die Wolken kommen. Die Sonne bescheint einen 1-stündigen, ereignislosen Flug. Wenn man von der widerspenstigen Tüte Mandeln absieht, die trotz meines übervorsichtigen Öffnungsversuchs komplett aufreißt und fast ihren gesamten Inhalt über meinen Schoß ergießt. Brauner Mandelstaub überall – das habe ich jetzt nicht wirklich gebraucht. Die planmäßige Landung in Kopenhagen erfolgt um 20:05 Uhr. Wir versuchen, die etwas unsichere Gepäckfrage an den Schaltern von SAS und Greenland-Air zu klären. Mit den erhaltenen spärlichen Informationen können wir nur hoffen, dass die Rucksäcke wie geplant in Kangerlussuaq landen werden.

Mittlerweile ist es fast 21:30 h. Um diese Uhrzeit herrscht auf dem dänischen Hauptstadt-Flughafen reges Treiben. Wir möchten für die Dauer unseres 14-stündigen Aufenthaltes hier unser Handgepäck sicher unterbringen. Bislang hat es noch keinen Hinweis auf Schließfächer gegeben, in die wir das Gepäck einlagern können. Ein freundliches Mitglied der Putzkolonne weist uns auf Nachfrage den Weg dorthin – quer durch den Flughafen bis ins Parkhaus Nr. 4. Dort sollen sie sich befinden.

Wir schaffen es, von den elektronisch gesteuerten Fächern eins zu mieten und können uns nun freier bewegen. Mittlerweile ist es schon nach 22 h und an den Ticketautomaten für den örtlichen ÖPNV herrscht immenser Andrang. Deshalb geben wir den Plan auf, in die City zu fahren. Stattdessen versorgen wir uns im 7-Eleven – ein ziemlich großer Kioskladen – mit Mineralwasser und einigen Dosen Cidre. Positive Nachricht: Der Laden macht nie zu!

Immerhin kann man hier in der Ankunftshalle zwischen verschiedenen Schlafstätten wählen: a) Fußboden (machen tatsächlich einige), b) unbequeme Gitterstühle mit Betonfuß, c) unterschiedlich lange Sitzbänke mit Armlehnen für die Einzelsitzabgrenzung (taugt tatsächlich nur zum Sitzen), d) dieselben Sitzbänke – nur ohne Zwischenarmlehnen (heiß begehrt), e) große Holzquader (ca. LxHxB = 170x60x60 cm). Darauf kann man tatsächlich einigermaßen liegen – wie wir später auf dem Rückflug erfahren dürfen.

Wir haben uns spontan auf eine gerade verwaiste Sitzbank eingeschworen – leider eine der etwas kürzeren Art, aber ohne diese Armlehnen. Alle anderen waren im wahrsten Wortsinne schon belegt. Wie der müde Körper ziemlich schnell herausfindet, ist die Sitzfläche nicht eben, sondern leicht konkav gebogen (also mit Mulde). Darauf kann man nicht wirklich entspannen. Die Folge ist, dass zum einen Schlaf sich letztlich überhaupt nicht einstellt und zum anderen der 7-Eleven mehrfach für Ess- und Trinkbares aufgesucht wird.

So vegetieren wir bis etwa 4 h morgens dahin. Dann belebt sich das Bild, denn nun beginnt der Flugbetrieb wieder und die ersten Maschinen landen. Da wir uns in der Ankunftshalle befinden, bekommen wir das live und in Farbe mit. Unser Flieger hebt erst um 11 Uhr ab – somit haben wir noch immer reichlich Zeit, die quälend langsam dahinschleicht.

Ab 7 h öffnet der erste Degustationsstand und offeriert Frühstück. Es gibt wenig Auswahl: Rührei mit Speck oder Sandwich. Das Rührei ist so lala, aber füllt den Bauch. Wir schlagen die Zeit tot bis das Boarding beginnt.

Die Maschine ist groß: Es ist ein Airbus A-370 mit ca. 280 Plätzen in drei Reihen. Die Sitzaufteilung ist 2-4-2 pro Reihe. Wir sitzen in Reihe 36, Mittelblock, linke Hälfte. Beinfreiheit? Braucht kein Mensch. Hinter uns eine Mutter mit drei Kleinkindern, die eine unangenehme, permanente Geräuschkulisse erzeugen und dauernd an den Sitzen rütteln und vor die Lehnen treten. Gut, dass der Flug nur etwas über 4 Stunden dauert.

Wir überfliegen 4 Zeitzonen Richtung Westen und damit 4 Stunden in der Zeit zurück: Start um 11:00 h, Landung um 11:40 h – jeweils Ortszeit. In die Rückenlehnen der Sitze sind kleine Monitore eingebaut, die regelmäßig Basisdaten wie Flughöhe (30.000 Fuß), Geschwindigkeit (800 km/h), Außentemperatur (-70° C) und die jeweilige Ortszeit anzeigen.

Da weder Stürme aufziehen noch Meteoriten die Tragflächen perforieren oder sonstige Katastrophenszenarien akut werden, kommen wir planmäßig in Kangerlussuaq an. Der Morgen ist freundlich, sonnig und relativ warm. Da wir dummerweise das Gepäck nicht gleich bis an unseren Zielort Sisimiut haben umleiten lassen, müssen wir es persönlich vom Gepäckband (es gibt hier tatsächlich eins) abholen und für den sich anschließenden Inlandsflug neu einchecken. Es geht aber alles gut und stressfrei vonstatten.

Für die knapp 200 km von hier bis Sisimiut an der Westküste setzt Greenland Air eine Propellermaschine ein, die etwa 40 Plätze vorweist. Davon sind mit uns nur etwa 20 besetzt.

Die Maschine hebt ab und steigt über dem Kangerlussaq-Fjord auf. Das sedimentreiche Wasser des Watson-River wälzt sich auf einer Strecke von etwa 5 km über Treibsandgebiet bis es sich in das offene Meer ergießt. Von oben sieht es aus, als würde hier ewig Ebbe herrschen.

Eine Handvoll Schiffe ankert scheinbar planlos in der Nähe des Fjordendes. Waren- und Menschentransporte per Schiff werden hauptsächlich über Sisimiut abgewickelt.

Die Flughöhe ist relativ niedrig, sodass wir während des knapp halbstündigen Fluges die ersten landschaftlichen Eindrücke beim Blick aus den Kabinenfenstern erhaschen können. Zahllose kleine Seen ziehen unter uns dahin. Das Landschaftsbild mutet sehr ähnlich dem im lappländischen Fjäll an. Es ist aber insgesamt felsiger und es gibt überhaupt keinen Wald. Nicht nur keinen Wald, es gibt einfach überhaupt keine Bäume hier. Die einzigen wenigen Exemplare sind ein paar experimentell gepflanzte Nadelbäume entlang der Schotterpiste von Kangerlussuaq zum Inlandeis. Dass dieses Experiment, auf Grönland Bäume anzusiedeln, gescheitert ist, führen die letzten dahin siechenden, kümmerlichen Fichten deutlich vor Augen.

Wir sind am Ziel! Landung in Sisimiut kurz nach 13 h bei eitel Sonnenschein. Das (einzige) Flughafengebäude vereinigt in sich Tower, Ankunfts- und Abflug"halle" und ist eher schnuckelig zu nennen.

Ankunft in Sisimiut

Immerhin: die Grönlandflagge weht am Mast und vor den Toren, d.h. vor dem Maschendrahtzaun, wo schon die örtlichen Taxis warten, um Fluggäste, die nicht von Verwandten oder Freunden abgeholt werden, in den etwa 5 km entfernten Ort zu bringen. Wir teilen uns ein Taxi zum Vandrehjem mit Tobias aus Aachen. Dort habe ich ein Zimmer für 2 Übernachtungen übers Internet gebucht. Tobias will gleich auf den ACT starten und verabschiedet sich gleich nach der Taxifahrt.

Wir sind zum Einchecken zu früh, aber Henrik, der Herbergsvater, ist vor Ort und wir können unsere Klamotten im hinteren Bereich irgendwo abstellen.

Entgegen des ursprünglichen Plans hat Niklas vorgeschlagen, bei dem herrlichen Wetter schon heute die Bergtour auf den Nasaasaaq, den Hausberg von Sisimiut, zu machen. Henrik bestärkt uns in dem Vorhaben, weil das Wetter morgen voraussichtlich schlechter werden würde. Er gibt uns schon einen Schlüssel mit, falls wir erst spät zurückkommen sollten.

In einem Wanderführer ist die Tour mit ca. 5 Stunden bergauf und 3 Stunden zurück angesetzt. Jetzt ist es 14 Uhr – plus 8 Stunden wäre dann 22 Uhr: passend zum Sonnenuntergang.

Wir folgen der Wegbeschreibung, die Henrik uns gegeben hat und stiefeln das erste Mal durch eine grönländische Stadt. Die Atmosphäre in Sisimiut ist – entspannt. Von Hektik ist nichts zu spüren. Die Menschen sind freundlich und grüßen regelmäßig.

Die Hauptstraße, der wir folgen, endet in einer Sackgasse. Hier geht es hinter einer Absperrung auf einer Schotterpiste weiter, die sich noch gut 1,5 Kilometer über leicht welligen Boden windet. Eine Gruppe angebundener Schlittenhunde vor einem einsam gelegenen Haus heult uns an.

Bald hebt sich der Nasaasaaq abrupt aus der Ebene. Wir stehen plötzlich vor einer steinernen Wand. Ein Wegweiser verkündet, dass es hier herauf zum Gipfel des Nasaasaaq und links herum auf dem ACT weitergeht. Ein schmaler Trampelpfad führt in die Höhe.

Der Himmel ist mittlerweile komplett blau. Die Sonne brennt erbarmungslos und im Verein mit völliger Windstille schafft sie eine Treibhausatmosphäre, die ich so nicht erwartet hätte.

Satte 17° C (das sind mindestens 25° in der Sonne) rufen Mücken, Mücken und Mücken auf den Plan. Es sind die kleinen Kriebelmücken, die ständig wie Sputniks um den Kopf kreisen und gerne und häufig die feuchtwarmen Augenwinkel ansteuern.

Nicht nur der Weg quält sich in Serpentinen nach oben. Er ist häufig steinig, oftmals auch verschwunden – es gibt nur wenige Markierungen oder Steinmännchen. Wir sind schon einigermaßen erschöpft als wir glauben, oben angekommen zu sein. Es ist aber nur ein Sattel, über dessen langgezogenen Rücken es die letzten 200 Höhenmeter hinaufgeht.

Dann sind wir nach 3 Stunden Aufstieg fast „on top" auf einem breiten Grat! Ein fetter Steinmann heißt uns willkommen, dem Niklas ein weiteres Steinchen aufs Haupt legt. Die letzte Spitze der „Weiberkapuze" – so die Übersetzung des Namens Nasaasaaq – haben wir ausgelassen. Nach dem überlangen Tag und bei den tropischen Witterungsbedingungen sind wir nun doch erschöpft und wollen mit der Kraxelei über Seilpassagen auf den letzten Pin nicht gleich am ersten Tag irgendwelche Risiken eingehen.

Im Nachhinein sind wir froh, heute noch hier hochgestiefelt zu sein. Die Aussicht ist in alle Richtungen grandios. Berge nach Norden und Osten, Meer nach Westen und Süden. Kanadas Küste nur 2-3 Steinwürfe – also etwa 300 km – entfernt, versteckt sich aber etwas im Dunst. Der Blick nach Süden entlang der zerklüfteten grönländischen Westküste ist malerisch. Direkt zu unseren Füßen liegt der Amerloq-Fjord, der sich knapp 40 km weit ins Landesinnere erstreckt.

 Nasaasaaq

Nasaasaaq ist ein 784 Meter hoher markanter Berg in der Kommune Qeqqata in Westgrönland. Er befindet sich auf dem grönländischen Festland, unmittelbar südöstlich von Sisimiut an der Nordküste des Amerloq Fjords, einem Nebenfluss der Davisstraße. Der Name bedeutet übersetzt so etwas wie „Weiberkapuze".

Das Bergmassiv erstreckt sich über 6 Kilometer in West-Ost-Richtung und bildet den Endpunkt einer langen Gebirgskette, die sich von der Pingu-Berggruppe auf halbem Weg zwischen der Davisstraße und dem grönländischen Eisschild erstreckt. Der Nasaasaaq-Rücken hat mehrere Gipfel. Der Hauptgipfel ist der markanteste und erhebt sich über den Rest des Grates in einem hohen 150 m hohen Kegel auf 784 m. Der Grat endet in einem 611 m langen Trabant mit Blick auf Sisimiut.
Im Osten fällt der Grat allmählich auf fast 300 m ab, bevor er sich nach Osten-Nordosten zum Aappilattorsuaq-Massiv wendet. Die Südwand des Nasaasaaq fällt direkt in den Amerloq-Fjord.

Der Blick auf Sisimiut ist klar und weit. Die zwei kleinen Seen in direkter Nachbarschaft der Stadt, die teilweise zur Trinkwassergewinnung benutzt werden, schimmern im Sonnenlicht. Die bunten Farben der Häuser leuchten weithin. Wir laben uns an diesem Panorama.

Der Abstieg droht. Meine Beine fühlen sich etwas müde an, meine Füße wie Tartar in den Schuhen. Aber hier oben bleiben können wir nicht. Auf dem Rückweg sind die spärlich vorhandenen Steinmännchen nicht immer gut auszumachen oder fehlen ganz einfach. Auf dem felsigen Untergrund ist ein getretener Pfad nicht immer erkennbar und manches Mal landen wir dann doch in einer Sackgasse an einem unpassierbar steil abfallenden Stück.

Schließlich erreichen wir wieder den bekannten Bachlauf vom Aufstieg. Ab hier ist der weitere Weg gut überschaubar. Das Bachufer ist steinig und sandig. Das ist in Verbindung mit schlappen Füßen keine gute Kombination. Einmal stolpere ich und stürze. Ich rolle mich ab, um mir nicht die Knochen zu verrenken. Das ist ja grade nochmal gut gegangen.

Nasaasaaq

Blick vom Nasaasaaq auf Sisimiut

Geschafft! Wir sind wieder unten. Jetzt sind es noch etwa 2 Kilometer bis zum Vandrehjem – gut die Hälfte davon über die Schotterpiste, die wir schon kennen und der Rest durch die Stadt.

Auf dem Stück entlang der Hauptstraße passieren wir einen kleinen Supermarkt mit Öffnungszeiten 7x24 – also immer offen. Das ist jetzt auch der Fall. Die Chance wird genutzt, um Zutaten für ein einfaches Abendessen zu beschaffen. Aus dem begrenzten Sortiment wählen wir profane Spaghetti, Nudelsauce, Hackfleisch und etwas Trinkbares zum Nachspülen.

Wir schleppen die Einkäufe und uns selbst die letzten paar hundert Meter zurück zum Vandrehjem, ohne das uns umgebende urbane Chaos im Detail zu beachten. Dazu werden wir morgen ausgiebig Zeit haben.

Der heutige Tag war ein sehr langer. Wir sind praktisch seit 5 Uhr morgens (Ortszeit Kopenhagen) auf den Beinen. Jetzt, im Vandrehjem, ist es bereits 20 Uhr (Ortszeit Sisimiut). Das allein sind schon 15 Stunden. Dann kommen noch 4 Stunden Zeitverschiebung, eine wenig erholsame Nacht auf dem Flughafen und die Anstrengungen des „nur" 5-stündigen Spaziergangs auf den Nasaasaaq hinzu.

Unser Zimmer ist frei und hergerichtet. Es ist klein und eng mit einem Etagenbett. Unser Gepäck steht noch am Ende des Ganges. Wir ziehen ein und beschließen den Tag mit sinnloser Völlerei in der Gemeinschaftsküche.

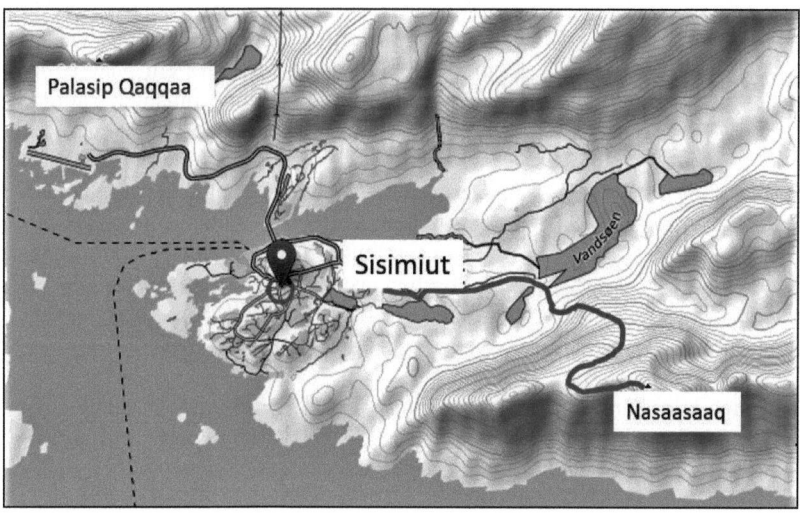

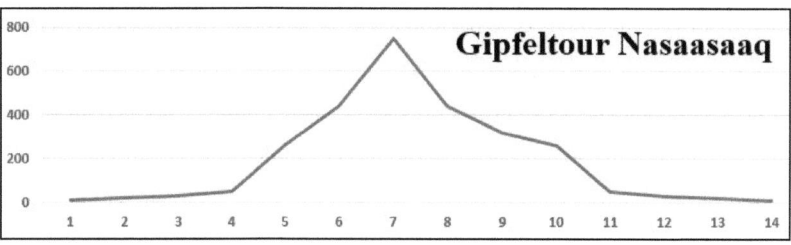

Höhenprofil dieser 14-km-Etappe

Sightseeing Sisimiut

| Stadtbummel | elektronischer Schamane | Museum | Grünes Café |
| Friedhof | Europaletten |

We live only in the mercy of our ancestors!
[Hivshu]

Dank vorzeitiger Absolvierung der Tour auf den Nasaasaaq steht der heutige Tag komplett zum Eintauchen in die für uns neue Welt zur Verfü-

gung. Da das Postamt, wo unser Proviantpaket lagert, am heutigen Sonntag natürlich geschlossen hat, können wir eh nicht auf den ACT starten.

Wir schlagen den Weg zum 7x24-Supermarkt ein. Schließlich sind wir ja ortskundig. Wollen nur kurz ein paar Brötchen oder Ähnliches fürs Frühstück kaufen. Auf der asphaltierten Straße ohne befestigte Seitenstreifen halten wir uns an den deutlich markierten Fußgängerbereich. Sicherheit geht eben vor. Auf halber Höhe bergab sehen wir linker Hand Richtung Hafen eine Menschenansammlung von etwa 20-30 Personen. Neugierig geworden, ändern wir Plan und Kurs und wollen herausfinden, was denn dort los ist.

Wie sich kurz darauf herausstellt, sind wir in der Erlebniswelt der Kreuzfahrer gelandet, die fast alle in einheitliche rote Outdoorjacken mit aufgesticktem Logo der Schifffahrtslinie gekleidet sind. Die Joppen gab's wahrscheinlich zum Pauschalpreis dazu. Man verteilt sich auf der schmalen Straße zwischen einem Souvenirshop und einer kleinen Kate direkt vis-a-vis. Der Souvenirshop hat offensichtlich nur wegen der Kreuzfahrer geöffnet – heute ist ja Sonntag. Wir mischen uns unters rotbejackte Volk, wobei ich nicht sehr auffalle. Der Shop „Software by Nature" bietet Kleidungsstücke zum Beispiel aus Moschusochsen-Wolle an. Hochwertig und ebenso preisig. Leider werden wir für unsere Lieben daheim hier nicht fündig.
In der gegenüberliegenden Kate gibt es Probierhäppchen: nordische Spezialitäten aus dem Meer - Krabben, Austern und eine Art Surströmming, dieser Stinkefisch aus Schweden. Letzteres entnehmen wir den lautstarken Kommentaren der deutschsprachigen Reisegruppe.

Es folgt ein peinlicher Akt, der mir bewusstmacht, warum ich dieses Kreuzfahrer-Thema so abstoßend finde. Der Reiseveranstalter hat eine junge Inuit-Frau gebucht, die sich in Tracht zur Schau stellt und mit den Reisenden für individuelle Fotos posieren muss. Diese Art der Prostitution haben wir nicht unterstützt und uns lieber alternativ ein Poster über grönländische Trachten im angrenzenden Museum angesehen.

 **Sisimiut**

Sisimiut liegt an der Westküste Grönlands, etwa 100 Kilometer nördlich des Polarkreises und auf halbem Weg zwischen Nuuk und der Diskobucht. In der bevölkerungsreichen Region um Nuuk, Disko-Bucht, Sisimiut und Upernavik lebt mehr als die Hälfte der grönländischen Bevölkerung. Die Stadt liegt wie die meisten Städte Grönlands auf einer dem Inlandeis vorgelagerten Halbinsel. Dahinter thront der Hausberg der Stadt, der Nasaasaaq.

Sisimiut ist End- oder Anfangspunkt des Arctic Circle Trails, der in Ost-West-Richtung auf 170 Kilometern den eisfreien grönländischen Küstenstreifen zwischen Sisimiut und dem Inlandeis bei Kangerlussuaq durchquert.

Seit den 1960er-Jahren wuchs Sisimiut auf seine heutige Größe (mit 5200 Einwohnern die zweitgrößte Stadt auf Grönland). Im Zuge dieser Entwicklung wurde das Stadtbild immer stärker von großen Plattenbauten geprägt.

Lange Zeit war Sisimiut Hauptort der gleichnamigen Gemeinde, zu der noch die Siedlungen Itilleq, Kangerlussuaq (dän.: Søndre Strømfjord) und Sarfannguit gehörten. Durch Zusammenlegung mit der Gemeinde Maniitsoq wurde am 1. Januar 2009 die Großkommune Qeqqata gegründet.

In Sisimiut herrscht ein wärmeres Klima als in der nördlicheren Disko-Bucht-Region. Im Winter fallen die Temperaturen selten unter −15° C und im Sommer steigen sie normalerweise kaum über 20° C.

Sisimiut ist eine der wohlhabendsten und wirtschaftlich am weitesten entwickelten Städte Grönlands und ist im Land selbst berühmt für seine gute Lebensqualität. Es verfügt über einen kleinen Flughafen, von dem aus Verbindungen zum Flughafen Kangerlussuaq und dem übrigen Grönland gehen.

Das alte Kolonialzentrum ist das Stadtzentrum, aber auch die Altstadt. Das südliche Sisimiut ist ein typisch grönländischer Stadtteil, mit kleinen und bunten Häusern. Da die Häuser an die Farbigkeit der Legobausteine erinnern, trägt der südliche Teil von Sisimiut auch den Beinamen Legoland.

Der Besuch des Heimatmuseums ist empfehlenswert. Die verschiedenen Häuser, die hier teilweise wiederaufgebaut worden sind, vermitteln eine Menge Wissen über das arktische Leben. Der Eintritt ist mit 30 DKK übersichtlich und gerechtfertigt. Die Kreuzfahrer aber haben hier freien Eintritt.

Wir entrichten unseren Obolus und schauen uns die einzelnen Häuser an. Im Torfplaggenhaus haben seinerzeit zwei Familien gelebt. Zu der spartanischen zweckmäßigen Einrichtung gehören in dem Ein-Raum-Haus zwei hölzerne Schlafplattformen nebeneinander, für jede Familie eine.

Ein anderes Haus beinhaltet zahlreiche Exponate zum Thema Jagd. Hier werden diverse Jagdwaffen gezeigt wie etwa Harpunen und Vogelspeere.

In der restaurierten Blauen Kirche, der Bethelkirche, betreten wir den Innenraum durch einen Gang aus weißen Holzsäulen. An den beiden Längsseiten des Gebäudes befinden sich zwei große interaktive Bildschirme (ca. 100x50 cm), die auf der linken Seite einen Schamanen und auf der rechten Seite einen Vertreter des Christentums zeigen – beide in traditionellen Ornaten – d.h. der Schamane ist halbnackt. Der Besucher kann auf den beiden Touchscreens aus 8 Fragen auswählen, die die beiden Protagonisten in Videos beantworten: auf der linken Seite antwortet der Schamane, auf der rechten der Christ.

1. Wer bist du?
2. Ist es erlaubt, mehr als einen Gott anzubeten?
3. Wie entsteht die Welt und woher kommen die Tiere?
4. Wohin gehen wir, wenn wir sterben?
5. Wie schützen wir uns vor dem Bösen?
6. Die Beute ist weg, was sollen wir tun?
7. Meine Frau wird nicht schwanger, was kann ich tun?
8. Mein Vater wurde getötet, was kann ich tun, um ihn zu rächen?

Das alles ist hochinteressant und man sollte sich auf der Schamanenseite wirklich alles anhören. Man versteht natürlich kein Wort, aber wann hat man schon Gelegenheit, einem in Kalaallisut (Grönländisch) monologisierenden Inuit zu lauschen? Außerdem gibt es englische Untertitel zu dessen Auslassungen.

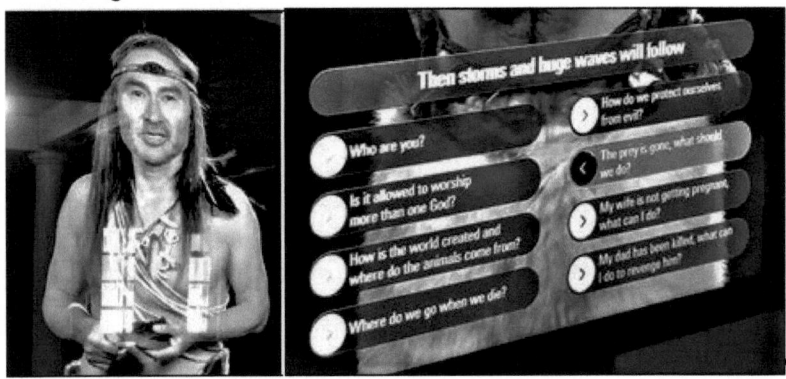

Hivshu - Der interaktive Schamane

Besonders interessant sind die Antworten zu den Fragen 3, 7 und 8. Bei der Frage nach der Entstehung der Welt erhält man Kenntnis von der Göttin Sedna, der „Mutter aller Meeresgeschöpfe" (siehe -Kasten **Sedna**).

Will die Frau nicht schwanger werden, so empfiehlt der freundliche Schamane von nebenan als letzte Maßnahme, dass der Mann ein Orgienhaus errichtet und die gesamte Sippe einlädt, die Fruchtbarkeit der Frau zu fördern. In diesen Vorläufern der Swinger-Clubs hat es denn in der Regel mit der ersehnten Schwangerschaft auch geklappt. Ganz schön pfiffig, die Inuit.

ⓘ Sisimiut Museum

Das Sisimiut Museum ist ein kulturhistorisches Heimatmuseum mit Spezialausstellungen zu Handel, Seefahrt und Industrie. Hier kann man die lange und wechselhafte Geschichte der Region und der Stadt erleben.
Das Museum liegt zentral in der Altstadt oberhalb des Hafens, wo die ursprünglichen Kolonialgebäude den Rahmen für die Ausstellungen des Museums bilden. Die 100 Jahre alten Unterkieferknochen eines Blauwals markieren wunderschön den Eingang des Sisimiut-Museums.
Das Museum verfügt über 9 Gebäude. Die meisten stammen aus dem 18. und 19. Jahrhundert: das Halvvejshuset, Smedjen, Gammelhuset, die Residenz des Kolonieleiters, The Old Store und ein rekonstruiertes traditionelles Winterhaus. Im rekonstruierten Torfplaggenhaus erlebt man wie die Menschen in Sisimiut vor ungefähr 100 Jahren gelebt haben.
Darüber hinaus befindet sich die Verwaltung des Museums im ursprünglichen Priesterhaus. Im Museumsbereich befindet sich auch die Blaue Kirche, die Bethelskirken, aus dem Jahr 1775.

Rache: Rache ist nicht gut; töten ist nicht gut. Dennoch muss der Bösewicht unschädlich gemacht werden, damit er nicht noch mehr Menschen gefährdet oder tötet. Klingt ein wenig nach Pippi Langstrumpf: Wir machen uns die Welt wie sie uns gefällt! Die Beantwortung der Fragen von der christlichen Seite haben wir uns geschenkt. Man kann sich ausmalen, was dabei herauskommt.

Draußen auf dem Gelände befindet sich auf einem mannshohen Holzgerüst ein umgedrehtes traditionelles Wal-Fangboot. Wenn man sich darunter stellt, sieht man deutlich die Außenhülle des Bootes, die aus mit Lederriemen verzurrten Häuten besteht.

An einer anderen Stelle, hinter dem Torfplaggenhaus, sind einige Hundeschlitten zu bewundern. Alles unterschiedliche Modelle, die während eines Schlittenbau-Wettbewerbs vor ein paar Jahren hergestellt worden sind. An einer Ecke des Hauses liegt motivationslos ein Walwirbel von beeindruckender Größe herum. Mit ca. 30-40 cm Durchmesser vermittelt er eine Vorstellung von den Ausmaßen eines Wales.

Das erledigen allerdings noch besser die beiden Unterkieferknochen eines Blauwals, die den Zugang zum Museumsbereich markieren. Sie sind aufrecht gegeneinandergestellt, wobei sie jeweils noch 2 Meter ins Erdreich ragen.

Museumseingang mit Walknochen

Nachdem wir alles angesehen haben, verfolgen wir unseren ursprünglichen Plan, weiter der Hauptstraße zu folgen. Wir wollen schon mal erkunden, wo sich denn das Postamt befindet, damit sich der morgige Start nicht unnötig verzögert. Es befindet sich genau gegenüber des größten der 3-4 Supermärkte in Sisimiut, dem Brugseni. Der hat heute leider auch geschlossen.

Wir möchten den daheim gebliebenen Frauen gerne etwas handgearbeitetes Schönes mitbringen. Tatsächlich finden wir einen Handicraft-Laden, der momentan zwar geschlossen hat, aber am Nachmittag öffnet. Na schön, dann kommen wir nochmal wieder.

ⓘ Sedna / Sassuma Arnaa - Mutter des Meeres

Sedna (Sanna, Sassuma) ist der bekannteste Name der zentralen Meeresgöttin der Inuit. Diese Bezeichnung aus Baffinland bedeutet „die dort unten im Meer". Bei den Ostgrönländern wird sie „Immap ukuua" (Mutter des Meeres) genannt, bei den Westgrönländern „Arnaqquassaaq" (das majestätische Weib) oder „Sassuma arnaa" (die Frau dort unten) und die nordgrönländischen Inughuit nennen sie „Nerrivik".

Sedna wurde in der traditionellen Religion der Inuit als „Mutter aller Meeresgeschöpfe" verehrt. Sedna bestimmte darüber, welche und wie viele Meerestiere gefangen und gegessen werden durften. Verstießen die Menschen gegen ihr Gebot, dann schickte sie einen Sturm oder zog den Jäger und seine Familie in die Tiefe. Ihr Haus befand sich am Meeresgrund. Dort wohnte sie in Gemeinschaft mit Fischen und anderen Seetieren. Bewacht wurde ihr Heim von Seehunden, die jeden bissen, der unbefugt eintreten wollte.

Die Mythen berichten, dass Sedna ein wunderschönes, aber eitles Mädchen war, das alle Bewerber abwies. Schließlich gab Sednas Vater sie gegen ihren Willen einem Jäger zur Frau, obwohl dieser sein Gesicht verhüllt trug. Als der Ehemann Sedna mit dem Kajak in sein Zuhause gebracht hatte, stellte sich heraus, dass er ein Rabe war und ihr Heim harte Klippen sein sollten. Sie weinte und schrie in den Wind, bis ihr Vater es hörte, ein schlechtes Gewissen bekam und sie zurückholen wollte.

Auf dem Rückweg wurde das Kajak von Sednas Ehemann angegriffen, der mit seinen Flügelschlägen heftige Seestürme verursachte. Sednas Vater bekam Angst und warf seine Tochter über Bord. Als sie sich verzweifelt festklammerte und versuchte, ins Boot zurückzuklettern, schnitt er ihre Finger ab. Als sie sich noch mit den fingerlosen Händen festhalten wollte, schlug er mit seinem Paddel auf die gefrorenen Hände ein, bis sie zersprangen und im Ozean versanken. Sednas Finger verwandelten sich durch den Zauber des Raben in Robben und ihre Hände in Wale und andere Meeressäugetiere. Sedna selbst versank schließlich in der See und sitzt noch heute dort auf dem Meeresgrund. Ihr Zorn auf die Menschen peitscht das Meer von Zeit zu Zeit in gewaltigen Stürmen und Wellen auf. Im Groll über den Verrat wurde sie zu einer mächtigen, zornigen Göttin.

Die Meeresgöttin galt den Inuit als „Beobachter-Göttin", denn sie wusste alles über die Menschen und ihre Tabuverletzungen, die sich als Schmutz in ihrem Haar festsetzen. Das machte sie zornig, so dass sie alle Beutetiere der Menschen in ihrem Haus behielt. Deshalb musste sie mit Respekt behandelt werden und Schamanen mussten zu ihr in einer „Seelenreise" hinabtauchen, um ihr langes schwarzes Haar zu kämmen. Das beruhigte Sedna und sie erlaubte den Menschen, sich wieder vom Reichtum des Meeres zu ernähren. So war es im Norden Sitte, einer gefangenen Robbe Wasser ins Maul zu tropfen als Geste des Dankes an Sedna, die den Jäger und seine Familie ernährt .

[wikipedia]

Einen Steinwurf entfernt passieren wir das Taseralik, das Kulturhaus von Sisimiut, in dem seit 2008 zahlreiche Kunst- und Kulturveranstaltungen stattfinden. Ein Beispiel moderner Architektur direkt an einem Teich gelegen, auf dem eine Entenmama ihre Küken in einem Algenfeld frühstücken lässt.

Ein weiter Bogen führt uns wieder zur Hauptstraße, wo wir letztlich den kleinen Supermarkt von gestern Abend erreichen. Der hat in der Tat auch heute geöffnet – 7x24, wie es draußen angeschlagen ist. Mit den Frühstücks-Einkäufen unterm Arm fällt beim Heraustreten aus dem kleinen Laden der Blick auf Sozialbauten genau gegenüber. Mietsilos mit kleinen Wohnungen und kleinen Balkons, auf denen alles Mögliche abgestellt wird.

Sozialbau in der Arktis

Es gibt also nicht nur kleine hübsche, bunte Häuser in Sisimiut. Die 60er und 70er Jahre brachten für die Inuit einen ungeheuren sozialen und kulturellen Wandel. Schulen und Krankenhäuser wurden gebaut und ganze Dorfbevölkerungen wurden aus ihren verstreuten Siedlungen in die wenigen Städte gezwungen. Die traditionelle Großfamilie löste sich auf. Der Beruf des Jägers verlor in diesem kulturellen Umbruch mehr und mehr sein Renommee, haben die Jäger doch Jahrhunderte lang einen der angesehensten Berufe ausgeübt. Alkoholismus und eine hohe Selbstmordrate waren die Folge.

In der Nähe hinter den Wohnbunkern befindet sich der örtliche Friedhof. Schlichte weiße Holzkreuze und bunte Plastikblumen sind die Hauptmerkmale der grönländischen Friedhöfe. Grabsteine sind selten, meist sind die Namen der Verstorbenen auf Holzkreuzen angebracht. Gräber anzulegen, stößt in der Arktis mit ihrem Permafrostboden auf Schwierigkeiten. Die Toten oberirdisch zu bestatten, wie es Tradition der Inuit war, hatten die dänischen Kolonialherren verboten. Heute gibt es Bestrebungen bei den Grönländern, das wieder zuzulassen, denn nach alter Vorstellung muss der tote Körper wieder der Mutter Natur übergeben werden.

Dabei ist es den Inuit wichtig, dass man von der Friedhofsanlage entweder über die Häuser hinweg oder durch eine freigelassene Schneise direkt auf das offene Eismeer sehen kann. Jede der Anlagen ist mit einem weißen Holzzaun umgeben – obwohl es auf Grönland tatsächlich keine Bäume gibt. Auch die Grabkreuze sind aus weiß gestrichenem Holz. Sämtliches Holz stiftet das dänische Mutterland.

Der Dauerfrost hält den Boden ständig hartgefroren, nur in den vier Sommermonaten taut eine Schicht bis zu 30 cm Tiefe auf. In dieser Zeit von Mai bis August werden Flachgräber bis zur Dauerfrostzone in gut Handspannentiefe ausgehoben, damit man in der restlichen Jahreszeit die Toten bestatten kann. Ein Flachsarg ragt dann immer über die Erdoberfläche hinaus. Um diesen Sarg abdecken zu können, legt man Grasplacken und Hochmoorsoden in Form einer Flachpyramide darüber und bildet eine Art „Hochgrab".

Natürlich können solche Toten und Särge in den vier Sommermonaten nicht zerfallen, weil ja nur für kurze Zeit Temperaturen über +10°C erreicht werden; dann herrscht wieder Permafrost. Deshalb sind alle Friedhöfe unberührbar: man lässt sie unangetastet überwuchern und legt bei Bedarf neue an. Da Land genug vorhanden ist und die Siedlungen klein sind, lässt sich dieses Problem auch heute noch so lösen.

Solange die Inuit in Lagern oder nomadisch lebten, besaßen sie keine besonderen Grabplätze oder gar Friedhöfe. Vor der traditionellen Bestattung wuschen die Frauen aus dem Lager den Körper des Verstorbenen und ordneten das Haar, flochten zum Beispiel weiblichen Toten das Haar zu einem schon über der Stirn beginnenden Zopf. Dann hüllten sie den Leichnam in eine große Karibufell- oder Wolldecke und legten ihn weit draußen in der Tundra mit dem Gesicht zum Himmel nieder. Anschließend schichteten sie sorgfältig einen Steinhügel zum Schutz gegen Tierfraß darüber.

Ein leuchtend grünes Holzhaus direkt über dem Friedhof zieht unsere Aufmerksamkeit auf sich. Es ist eine Bäckerei mit KAFFEE-Ausschank wie sich kurz darauf herausstellt. Es ist noch Zeit bis der Handicraft- Laden seine Pforten öffnet und so kehren wir nach Besichtigung des Friedhofs dort ein.

Für alle Freunde der bitteren braunen Brühe ist „J-S Konditori Tiggaliorfik" an der Straße Qaasuup Aqquserna DER wichtigste Anlaufpunkt in Sisimiut. Es ist die beste Bäckerei am Ort mit lecker Kaffee, Brötchen und Gebäck - und Blick auf den Friedhof.

Es gibt noch weitere Kaffeequellen, zum Beispiel das „Café Sisimiut" von hier aus Richtung Hafen (an der Straße Aqqusinersuaq) oder das Café im Taseralik.

Das Grüne Café

Mit heißem Kaffee intus suchen wir nun den kleinen Handicraft-Laden auf. Das Sortiment dort enthält unter anderem handgearbeitete Hausschuhe aus Leder und Fell, Halsketten und Armbänder aus Leder und Rentierhorn, Walknochen oder Narwalhorn.

Außerdem Tupilaks, geschnitzt aus Zahn, Knochen oder Stein in verschiedenen Größen und Formen (s. Bild S. 190). Einer gruseliger als der andere. Der Begriff „Tupilak" benennt die Seele eines Vorfahren oder Geistes. Die geschnitzte Figur soll ihren Besitzer vor Feinden beschützen. Ein Tupilakgeist konnte zur Hilfe gegen einen Feind gerufen werden, indem ein Geisterbeschwörer heimlich eine Figur aus unterschiedlichen Knochen und anderen Teilen der Tiere erschuf. Anschließend wurde sie geweiht und fungierte als Behausung für den Geist, indem unter anderem Zauberlieder über der Figur gesungen wurden.

Der Tupilak wurde oft ins Meer ausgesetzt, damit er selber den Feind aufsuchen und töten konnte. Dies war jedoch nicht ganz risikofrei, denn wenn das auserkorene Opfer eines Tupilaks größere Zauberkräfte als dessen Erschaffer hatte, konnte das Opfer den Angriff abwehren und den Tupilak zurücksenden, um stattdessen den Urheber seinerseits zu töten. Ganz schön raffiniert.

Schnitzarbeiten aus Walzähnen dürfen derzeit laut den CITES-Regeln nicht außer Landes bzw. nicht nach Europa ausgeführt werden. Niklas ersteht erfolgreich ein Paar Puschen aus Leder mit Fellkranz und ich ein Lederarmband mit kleinen Inuit-Figuren aus poliertem Rentierhorn.

Dermaßen entspannt schlendern wir unter dem leicht bewölkten Himmel noch etwas durch die Straßen. Wir finden uns gut zurecht – auch ohne den kleinen Stadtplan. Schließlich sind wir ja ortskundig.

Bei dem gemächlichen Bummel glauben wir aufgrund der während des ganzen Tages gemachten Beobachtungen zu erkennen, wie sich der soziale Status der Einwohner diskret kundtut: Es sind die Europaletten! Es müssen hunderte sein, die sich im Stadtgebiet verteilen und in der Regel säuberlich gestapelt vor vielen Häusern liegen. Je mehr Holz(paletten) man vor der Hütte hat, desto größer muss das Ansehen sein. Diese plausible Schlussfolgerung muss richtig sein, denn es ist niemand da, der sie widerlegt.

Ähnliches gilt für Schneemobile. Ganz oben angekommen ist, wer beides in hohen Stückzahlen bunkert: Paletten und Schneemobile!

Diskret dokumentierter Wohlstand

Was noch auffällt, ist der kreative Baustil. Da wird schon mal eine Container-Doppeltür als Hauswand installiert oder ein riesiger Smiley auf das Garagentor gepinselt. Von reliefartig herausgefrästen Hausnummern aus einem Granitblock ganz zu schweigen.

Auf dem Rückweg zum Vandrehjem lassen wir das Museumsdorf links liegen und schauen uns den angrenzenden Hafen an. Viele kleinere Privatboote liegen hier. Es ist ziemlich ruhig im Hafen und kaum Leute oder Boote unterwegs, doch an einer Kaimauer legt gerade ein Jäger mit seiner Jolle an und wuchtet neben 4 Gewehren seine bereits zerlegte Beute auf den Kai, was keine unblutige Angelegenheit ist.

In der Hafeneinfahrt sammeln sich einige tiefhängende Wolken über dem Wasser, aus denen hie und da nackte schwarze Felsen herausschauen. Das alles wirkt mystisch und irgendwie friedlich. Beeindruckt legen wir die letzten paar hundert Meter zum Vandrehjem zurück.

Es sind kaum 6 Stunden vergangen, seit wir zum Brötchenholen aufgebrochen sind. Die werden wir uns jetzt schmecken lassen. Zum Essen sitzen wir im zur Küche angrenzenden Gemeinschaftsraum an dem großen Tisch. Irgendwann kommt Henrik herein und es entwickelt sich ein interessantes Gespräch über das Leben in Sisimiut. So erfahren wir beispielsweise, dass die Versorgung der Stadt fast ausschließlich über das Meer stattfindet und dass es mitunter bei bestimmten Gütern zu Engpässen kommen kann. So sind momentan seit nunmehr 4 Wochen schon keine Kartoffeln mehr zu bekommen.

Henrik, der selbst Jäger ist und auch Jagdtouren veranstaltet, erzählt uns einiges darüber wie sich die Jägerei in den letzten Jahrzehnten verändert hat. Früher sind die Jäger praktisch direkt von Sisimiut in die Berge zu nahe gelegenen Jagdgründen aufgebrochen, während heutzutage schnelle Motorboote die Jäger bis zu 100 km in die Fjorde zu vielversprechenderen Jagdgebieten bringen.

Wir fragen Henrik, ob er weiß, wo man eventuell Spiritus kaufen kann. Weder im Flugzeug noch im Postpaket dürfen brennbare Flüssigkeiten transportiert werden. Der Zufall will es, dass er einen kleinen Vorrat an Haushaltsspiritus hat, den einige seiner Gäste in den letzten Monaten zurückgelassen haben. Wieviel wir denn brauchten? Mit 4 Litern wollen wir für die 3 Wochen auf Nummer sicher gehen. Die hat er auch da und verkauft sie uns für einen geringen Obolus von 100 DKK. Jetzt fehlen nur noch die Lebensmittel aus dem Care-Paket, das noch auf der Post liegt.

Das holen wir morgen.

Sisimiut bis Pass am Qerrortusup Majoriaa

**| Kaffee-Engel | Care-Paket | Fischmarkt | ATV-Piste | Alanngorsuaq |
| Press-Station | Skilift |**

Um sicherzugehen, dass der Haushaltspiritus von Henrik auch in unserem guten, alten Trangia funktioniert, begeben wir uns mit Kocher, Sprit, Wasser und gefriergetrocknetem Kaffee (gefunden als *leftover* früherer Wanderer im Küchenschrank) hinter das Haus auf ein felsiges Stück Gelände zwischen den umliegenden Häusern. Es ist kühl, leicht windig und ohne Socken an den Füßen in den Wat-Sandalen – nennen wir es: ungemütlich. Wir feuern den Ofen an – der Spiritus scheint zu funktionieren. Das Wasser braucht ein paar Minuten, bis es im Kessel kocht. Niklas meint es etwas zu gut mit dem Kaffeepulver und so verdichtet sich das vormals klare Wasser in den Berghaferln zu einer ziemlich dunklen und stark riechenden Brühe. Bitter wäre *ein* Urteil, ungenießbar das korrekte. Da der Test vornehmlich darauf ausgelegt war, die Kocherfunktion zu überprüfen, ist es erlaubt, nach festgestellter zufriedenstellender Temperatur des Heißgetränks die letzten Zentiliter mit grimassenhaft verzogener Miene weiträumig auf Fels und Gras der Umgebung zu verteilen.

In diesem Moment stoppt ein Auto an einem der Nachbarhäuser und die vermutlich dort wohnende Frau winkt uns freundlich zu und verschwindet im Haus. Ein paar Minuten später kommt sie wieder heraus. Sie hält eine Kaffeekanne in der einen und einen mit irgendetwas gefüllten Plastikbeutel in der anderen Hand.

„You like some coffee?" ruft uns dieser Engel der frühen Morgenstunde zu und schwenkt die weiße Kaffeekanne. Unter Beachtung der auch hier oberirdisch verlaufenden Abwasserrohre sind wir mit wenigen Schritten bei ihr. Die Menschen sind hier einfach nur freundlich. Zu jedermann. Auf der Straße wird man von tatsächlich von jedem Entgegenkommenden gegrüßt.

Dieser Kaffee schmeckt jedenfalls. Als Schmankerl obenauf drückt sie uns noch den Plastikbeutel in die Hand, der gut gefüllt ist mit *Bollern* (die dänische Version von kleinen, kugeligen Rosinenbrötchen). Wir erfahren, dass just an diesem Wochenende ihre Tochter zur Uni aufs Festland (Kopenhagen) gereist ist und zu diesem Anlass reichlich Boller gebacken wurden. Davon sind nicht wenige übriggeblieben. Schätzungsweise zwei Dutzend drängen sich hinter der transparenten Hülle. Wir bedanken uns gerührt und unterhalten uns noch ein wenig mit der Dame bis uns jacken- und sockenlos doch etwas kühl wird und wir uns verabschieden. Schnell den Kocher zusammenpacken und rein in die Hütte. Eigentlich könnten wir gleich starten; Proviant haben wir ja gerade bekommen.

Spaß beiseite: Es wartet noch das 20-kg-Paket auf dem Postamt auf uns. Ich habe von zuhause aus per E-Mail mit Vivi von der Post korrespondiert, um die Modalitäten für die Versendung eines Postpakets herauszubekommen. Wir hatten diese Methode schon mehrfach in Lappland praktiziert und Proviantpakete vorausgeschickt. Dann braucht man sich zum einen während der Anreise damit nicht abzuschleppen und zum anderen gibt es keine Gewichtsprobleme beim Einchecken.

Hier funktioniert das auch. Vivi von der Post hatte mir geraten, das Paket postlagernd an mich selbst zu adressieren, mit dem Zusatz: *poste restante* – damit es auf jeden Fall bis zur Abholung gelagert und nicht nach Ablauf einer bestimmten Frist zurückgeschickt wird.

Leider ist Vivi heute nicht anwesend. So lassen wir durch eine Kollegin grüßen und hinterlassen ein schokoladiges *Merci*. Draußen vor dem Gebäude breiten wir unseren gesamten Hausstand auf einem überdachten Gang aus: Ungefähr 4-5 laufende Meter Ausrüstung, plus der Inhalt eines bis zur Oberkante gefüllten Bananenkartons, warten darauf, in lächerliche zwei Rucksäcke gestopft zu werden. Da die Vorarbeiten schon zuhause erledigt wurden wie etwa Luft aus Plastiktüten mit Müsli saugen bzw. aus Fertiggericht-Tüten pressen, um das Volumen zu verringern, lehnen die Gepäckcontainer schon nach einer Stunde lässig an der Wand und warten darauf, geschultert zu werden.

Packen vor der Post

Etwas möchten wir gerne noch in Augenschein nehmen: Qimatulivik. Die Vokabel Qimatulivik bedeutet soviel wie Lager und ist hier die örtliche Fischhalle gemeint - zwischen Postamt und dem großen Supermarkt Brugseni gelegen. Dieses flache Gebäude ist uns bereits gestern beim

Stadtbummel aufgefallen und war am Sonntag natürlich geschlossen. Da es durch die Fenster zwar nichts zu sehen gab, die Abbildungen auf der Fassade aber erahnen ließen, worum es hier geht, wollen wir es heute genauer wissen.

Schon während man eintritt, schlägt die olfaktorische Keule erbarmungslos zu. Es stinkt zum Himmel und Gotterbarmen. In dem schmucklosen gekachelten Raum stehen Reihen von mobilen Klapptischen, dicht mit Plastikwannen bestückt. Darin jeweils blutige Massen geschredderten Irgendwas: Ren, Robbe, Wal, Fisch – alles, was einem Jäger so vor die Flinte laufen, schwimmen oder fliegen kann.

Fisch- und Fleischhalle und Auslage

So ist es nicht verwunderlich, dass der Rundgang nicht wirklich lange währt, was auch dem Umstand zu danken ist, dass Eingangs- und Ausgangstür nicht dichter hätten beisammen sein können. Glücklicherweise ist unser Proviant schon komplett. Darum kommen wir gar nicht erst in Versuchung, einen gehäuteten Robbenkopf zum Auskochen zu erwerben.

*

Tja, und dann geht es tatsächlich los. Die ersten hundert Meter mit vollem Marschgepäck sind immer schwierig und müssen auch mental überwunden werden. Ein dutzend einstündige Probeläufe mit fetten Hantelscheiben im Rucksack als Vorbereitung haben sich für mich ausgezahlt. Es lässt sich gut angehen. Niklas vertraut da mehr auf die Kraft der Jugend. Aber auch er kommt gut zurecht.

Der Plan, im nur etwa 200 m entfernten Taseralik einen letzten Kaffee zu nehmen, scheitert an dessen Öffnungszeiten. Wir müssten dafür noch eine gute halbe Stunde warten. Das ist es uns dann doch nicht wert und so starten wir durch. Das Wetter ist gut: bewölkt, aber trocken.

Zunächst geht es die bereits bekannte Schotterpiste bis zum Fuß des Nasaasaaq entlang, wo der Arctic Circle Trail beginnt. Unvermittelt wird von der autobreiten Piste auf einen Trampelpfad gewechselt. Das Gelände unter dem bewölkten Himmel ist wellig bewachsener Boden. Kein nackter Fels. Es geht stetig leicht bergan, wobei Pfad oder zumindest diverse Spuren nicht immer klar erkennbar sind. An einer Gabelung wählen wir den linken Ast, der zum Skilift führt. Wie sich später herausstellt, wäre der rechte Ast die bessere Wahl gewesen.

An diesem ersten Tag mit vollem Marschgepäck beginnt der Rucksack nach einiger Zeit doch ein wenig zu drücken. Kurz vor Erreichen des Skilifts passieren wir ein kleines Häuschen im Telefonzellen-Format am Wegesrand (für die, die noch wissen, was eine Telefonzelle ist). Wir spekulieren etwas über den Sinn dieses Gebildes. Ich halte es für eine Mess-Station für irgendwas, aber Niklas kommt zu dem Schluss, dass es sich nur um eine Press-Station handeln kann. Der Groschen (Anm. für die Jüngeren: deutsche Münze aus DM-Zeiten; 10-Pfennig-Stück) fällt bei mir nur pfennigweise. Ich bequeme ich hinüber, um nachzuforschen. Ein kurzer Blick nach Öffnen der schmalen Tür offenbart mir ein Plumpsklo. Ich erzähle dem Abkömmling, was ich gesehen habe und ihm sprüht der Schalk aus den Augen.

„Sag ich ja – 'ne Press-Station!" Von wem hat er das nur?

Plötzlich kommen uns zwei Quad-Fahrer entgegen, die sich durch die Landschaft pflügen. Die müssen vom Ski-Lift gekommen sein. Wir bekommen hier aus erster Hand die Auswirkungen dieser Quads – oder All-Terrain-Vehicles (ATV) – auf die Landschaft vorgeführt. Wo die langfahren, wächst kein Gras mehr.

Das Thema Quad wird hierorts heiß diskutiert. Es stehen Pläne im Raum, parallel zum ACT und teilweise sogar auf dem ACT eine Quad-Piste bis Kangerlussuaq zu bauen. Mit der Begründung, damit eine schnellere und bessere Güterversorgung von Sisimiut ab Flughafen Kangerlussuaq auf diese Weise statt über das Meer zu gewährleisten.

Einige Teile des ACT sollen zugunsten der geplanten Quad-Strecke parallel dazu verlaufen, andere sollen gar verlegt werden. Die Verlegung des Wanderweges würde teilweise über gefährliche Passagen führen wie sie zur Zeit auf dem ACT nicht existieren. Es gibt eine Initiative von www.polarrouten.net gegen diese Planung (s. ❶-Kasten).

---

❶ ATV-Piste

Polar-Routen e.V. informiert detailliert auf der Seite www.polarrouten.net über die in der Gemeinde Qeqqata geplante Errichtung einer Strecke für ATV-Fahrzeuge (All Terrain Vehicles), womit in der Regel Quad-Bikes gemeint sind.

*Dieses Vorhaben bedroht den Arctic Circle Trail massiv. Die Gemeinde Qeqqata plant den Bau einer ATV-Straße zwischen Sisimiut und Kangerlussuaq (Internationaler Flughafen). In diesem Fall ist dies das Ende der wichtigsten Wanderwege in der Arktis. **Die geplante Route für die ATV-Straße wird in ihrem westlichen Teil den aktuellen Weg des Wanderweges nutzen, den Wanderern wird eine sehr gefährliche und lebensbedrohliche Alternative vorgeschlagen,** die der wichtigste Reiseführer grundsätzlich nicht empfiehlt. In seinem östlichen Teil wird der Wanderweg von der geplanten ATV-Straße begleitet. Aber wer will schon in einer solchen Umgebung wandern?*

Der ACT befindet sich in einem Gebiet, das Dänemark als UNESCO-Weltkulturerbe eingestuft hat. Das grönländische Inuit-Jagdgebiet "Aasivissuit-Nipisat" ist fast 4.000 Quadratkilometer groß, eine arktische Landschaft mit zahlreichen Ruinen und antiken Denkmälern, die Zeugen der frühesten Migration von Menschen nach Grönland vor etwa 4.500 Jahren sind.

Infolgedessen wird diese Angelegenheit einer breiteren Öffentlichkeit bekannt gemacht, als Aufforderung zur Unterstützung der Internet-Petition. Ein umfangreiches Petitionsdokument, das vom Verein Polar-Routen e.V. initiiert wurde kann von www.polarrouten.net heruntergeladen werden.

Es geht auch weiterhin stetig leicht bergan. Bald schon sehen wir den an der vorherigen Gabelung nicht gewählten, eigentlichen Pfad auf der gegenüberliegenden Seite eines sanften Grabens, der schnell überwunden ist. Das Gepäck drückt mächtig; ich werde froh sein, wenn ich den Klotz endlich abwerfen kann. Das Etappenziel ist heute am Ende des weiträumigen Tals, in dem sich mittig ein mittelgroßer Felsen platziert hat: der knapp über 400 m hohe Alanngorsuaq. Der Plan ist, am Anfang des etwa 150 Höhenmeter-Anstiegs zur nachfolgenden Hochebene Qerrortusup Majoriaa das Zelt aufzubauen. Ich bin froh, wenn ich heute nicht noch weiter muss.

Ein breiter, reichlich Wasser führender Bach muss noch überquert werden. Am anderen Ufer siedeln bereits ein gutes halbes Dutzend Wanderer in drei Zelten. Während wir nach einem geeigneten Übergang Ausschau halten, winkt einer der Nachbarn und deutet auf eine gangbare Stelle über den Bach. Der Lagerplatz ist gut; relativ ebener, grasbewachsener Boden direkt am Frischwasser. Wir plauschen nur kurz mit den vermeintlichen Osteuropäern – sprachlich haben wir sie in diese Schublade gesteckt -, gehen dann aber doch noch ein Stück weiter hinauf, damit der morgige Tag nicht gleich mit der kompletten Steigung beginnt.

Es gibt auch hier einen annehmbaren Zeltgrund. Die Abendroutine aus früheren Expeditionen muss sich nach der ersten Etappe erst wieder einrütteln, aber Zeltaufbau, Innenraumgestaltung und Warmgerichtfabrikation verlernt man eben nicht. So wie das Fahrradfahren.

In der Nacht wehen heftige Winde – außerhalb des Zeltes –, die beängstigend an der Zelthaut rütteln. Ist aber alles halb so wild. Und wenn man erschöpft in seinem Schlafsack versunken ist, hört man es bald nicht mehr.

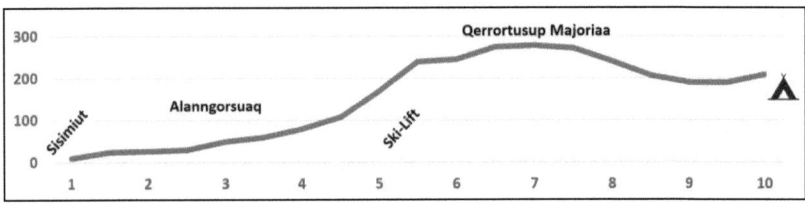

Höhenprofil dieser 10-km-Etappe

Pass am Qerrortusup Majoriaa bis Kangerluarsuk Tulleq

| Kangerluarsuk Tulleq Fjord | Aappilatorsuaq | Kangerluarsuk Tulleq
Syd Hütte | Aappilattorsuaq |

Während der Nacht weht heftiger Wind, der die Zeltwände geräuschvoll flattern lässt. Gegen Morgen beruhigt sich der Wind, aber der Himmel ist bewölkt. Wir brechen das Lager ab und nehmen den Rest des Passes in Angriff. Dieser Teil des Plans, den Tag nicht mit der kompletten Passbewältigung zu beginnen, hat schon mal funktioniert. Dennoch gilt es, ein kurzes und steiles Stück gleich zu Beginn hinter sich zu bringen.

Es sind nur etwa 500 knackige Streckenmeter bis auf eine Höhe von etwa 350 m. Danach geht es mehr oder weniger auf dieser Höhe für etwa 6 Kilometer weiter. Wir durchqueren die etwa 30 qkm große Hochebene Qerrortusup Majoriaa, auf der sich in vielen felsigen Vertiefungen kleine Seen gebildet haben. Das Wetter bessert sich zusehends.

Wir bewegen uns auf einer geraden Linie in nordöstlicher Richtung auf das innere Ende des Kangerluarsuk Tulleq Fjords zu. Am Ende des Fjords befinden sich einige private Hütten, die vermutlich Jägern gehören, die gerne mit dem Motorboot von Sisimiut hierher fahren, um ihrem Hobby zu frönen. Zwischen ACT und Fjord werden wir später die – aus unserer Sicht – erste Hütte des Trails passieren: Kangerluarsuk Tulleq Syd.

Am Ende der Hochebene erfreuen wir uns am ungehemmten Blick auf die blaue Wasserfläche des Fjords. Das Ende des Fjords entzieht sich unseren Blicken hinter einer sich vorwitzig vorgeschobenen Landnase. Unten, in Wassernähe angekommen, verläuft der ACT zunächst ziemlich genau auf der 100-Höhenmeter-Linie in West-Ost-Richtung.

Zuvor nagt ein sehr steiler Abstieg über 200 Höhenmeter an unseren Kräften. Der Pfad kommt hier wie eine schmale Rinne im dichten niedrigen Bewuchs daher. Eine Gruppe junger Wanderer kommt uns entgegen und wir gewähren den bergauf Gehenden Vorfahrt, damit sie in ihrem langsamen Trott nicht innezuhalten brauchen. Jedes Stop-and-Go erfordert besonders bergauf zusätzliche Kraft. Zum Ausweichen treten wir jedes Mal nonchalant seitwärts in die Butnik und lauschen dem keuchenden Atem des Entgegenkommenden, nicht ohne einen dankbaren Gedanken an die damit verbundene eigene Pause zu verschwenden.

Der Abstieg ist geschafft. Die nun folgende Passage wirkte von oben, als hätten wir nun ein hübsches Stück grasbewachsenen Wegs vor uns, über das locker entlang geschlendert werden kann. Doch der Schein war trügerisch. Uns erwartet eine patschnasse Grasnarbe, die immer wieder zu Umwegen auf hoffentlich trockeneres Gebiet zwingt. Eine Hoffnung, die sich meist nicht erfüllt. Das Gehen auf diesem nachgiebigen Grund, auf dem man sich nicht richtig abstoßen kann, lutscht einem die letzten Kräfte aus dem Körper. Das ist schon ohne Gepäck eine Tortur und mit dem kompletten Kampfgerödel auf dem Buckel einfach nur unbeschreiblich.

Einige höchst beschwerliche Feuchtgebiete später, die man irgendwann tatsächlich nicht mehr umgehen, sondern nur noch willenlos durchqueren kann, erscheint auf einem Hügel linker Hand, hinter einem sehr, sehr nassen Flecken Erde, die Hütte Kangerluarsuk Tulleq Syd.

ⓘ Kangerluarsuk Tulleq Syd

Position:	N6659149 – W5312220
Liegeplätze:	max. 2 x 3 in zwei Ebenen

Zum Equipment gehört auch ein outdoor-Klo -- eine lustige Bastelarbeit aus einem alten Ölfaß und einem Autoreifen.

Da wir sowieso nicht in der Hütte übernachten wollen, schenken wir uns den Spaß, dort hinüber zu schwimmen. Ich frage mich, ob ich hier überhaupt richtig bin. Wenn ich Kneippkuren gewollt hätte, wäre ich nach Bad Wörishofen gefahren. Da hätte man wenigstens die Schuhe weglassen können. Aber so....

Es geht immer noch ein wenig bergauf. Endlich wird der Boden ein wenig fester. Diese Chance nutzend, schlagen wir das Zelt etwa 500 m vor Erreichen der Hütte etwas unterhalb des Pfades im Windschatten einer

Erdstufe auf. Damit verfehlen wir den ursprünglich geplanten Etappen-
punkt, die Landenge zwischen dem Fjord und einem namenlosen See, um
4 km. Das ist der Tribut, den uns diese olympische, kräfteraubende
Schwimmstrecke auf den letzten 3 km gekostet hat.

Ursprünglich hatte ich für den nächsten Tag eine Tagestour in die Berge
auf der gegenüberliegenden Fjordseite vorgesehen. Dazu müsste man von
der Landzunge aus erst ca. 4 km gehen, bis das Fjordende umrundet wäre
und um an den Fuß der Berge zu gelangen. Das war eine Planung anhand
der topographischen Karte. Jetzt, angesichts der Wirklichkeit, erscheinen
die gegenüberliegenden Hügel nicht mehr so attraktiv. Deshalb entscheiden
wir uns spontan dazu, statt dessen lieber die 907 m auf den Gipfel des
rechter Hand aufragenden Aappilattorsuaq zu erklimmen. Das ist ein Gipfel
des langgezogenen Bergmassivs, das bis Sisimiut reicht und zu dem auch
der Nasaasaaq gehört.

Ich bin geschafft und froh, als das Zelt endlich steht. Der Platz ist gut
gewählt mit dem Ausblick, den er auf den Fjord gewährt. Kaum 20 m
weiter plätschert ein kleiner Wasserlauf die Erdstufe in unserem Rücken
hinunter. Fließendes Wasser quasi auf Armeslänge erreichbar. Perfekt für
Koch- und Hygienegeschäfte.

Unterkunft mit fließend Wasser

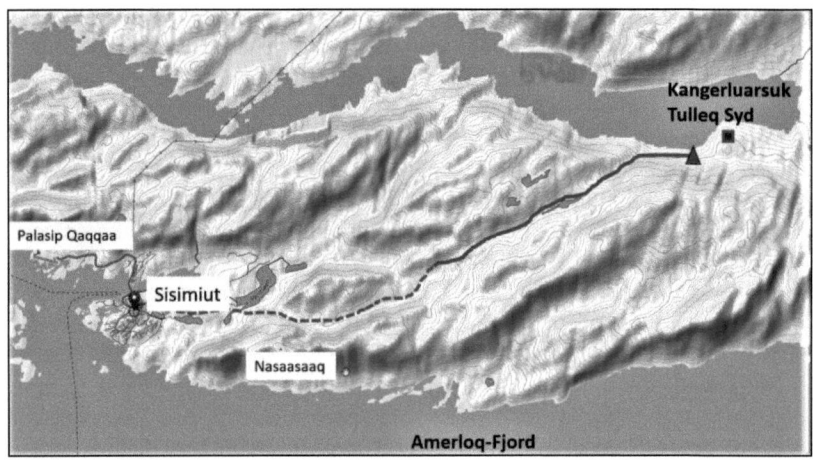

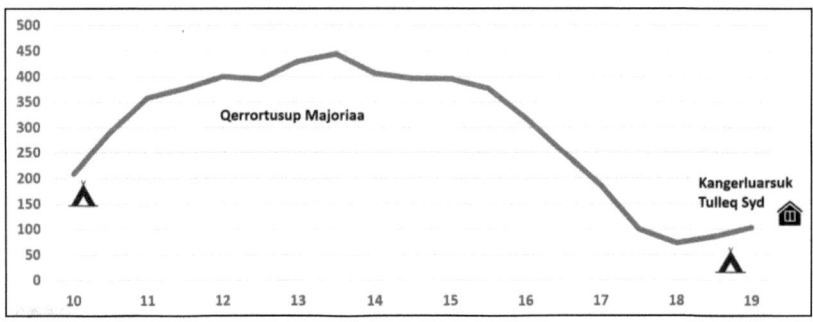

Höhenprofil dieser 9-km-Etappe

Tagestour auf den Aappilattorsuaq

| Aappilattorsuaq | Amerloq Fjord | Panzerplatten |

Wir lassen es ruhig angehen. Das Wassertreten der gestrigen Etappe steckt uns noch in den Knochen. Heute wird keine Strecke gemacht, sondern ein entspannter Tagesausflug auf den Gipfel des Aappilattorsuaq. Der Bergrücken erhebt sich an der Nordseite des Amerloq Fjords mit einer ebenso imposanten Steilwand zum Fjord.

Fließendes Wasser quasi direkt vorm Zelteingang verpflichtet fast schon, zumindest einer Grundhygiene Genüge zu tun. Allerdings ist es für mich jedes Mal ein erhebendes Gefühl, in freier Natur in Bächen und Flüssen - auch wenn sie direkt aus dem Gletscher kommen – zu baden.

Die Tagestour beginnt dann um die Mittagszeit. Ziel ist der höchste Punkt des Aappilattorsuaq mit 907 m. Dort erwartet den strebsamen Wanderer ein Panorama vom Rand der fast senkrechten 900 m hohen Steilwand auf den Amerloq Fjord.

Die Besteigung von unserem Standort auf 100 m Höhe (über Normalnull) gliedert sich in 4 Etappen: zunächst über bewachsenes Gelände mit angenehmer Steigung bis auf 300 m, danach weitere 300 Höhenmeter über Fels und deutlich steiler bis auf 600 m Höhe, anschließend für ca. 3 km über eine Fläche mit gemäßigtem Auf und Ab, um schließlich die restlichen, recht steilen 300 Höhenmeter bis auf den Gipfel aufzusteigen.

Irgendwelche Hinweise auf einen bestmöglichen Weg gibt es nicht. Also suchen wir den unserer Meinung nach besten Weg anhand der Wanderkarte aus. Der Himmel ist bewölkt, die Temperaturen sind angenehm niedrig – nicht so wie bei der Nasaasaaq-Gipfeltour. Es herrschen also ideale Wanderbedingungen.

Die Ausrüstung für den Ausflug ist schmal gehalten und findet Platz in Hosentaschen und dem kleinen Behelfsrucksack, den Niklas aus einer Tragetasche und zwei Koffergurten gebastelt hat. Außer Karte und Kompass nehmen wir nur Regenjacken, Wasserflasche und Panzerplatten mit. Panzerplatten sind **Hart**kekse, die ihren Namen verdienen. Das sind prinzipiell Butterkekse, allerdings von dichterer Konsistenz und weitaus größerer Stabilität als das, was man gemeinhin als Butterkeks angeboten bekommt. Bundeswehrfutter, das aber auch bei diversen Händlern für Outdoor-Nahrung zu bekommen ist.

Die erste Etappe über die mit niedrigem Bewuchs bedeckten Hänge ist angenehm zu begehen. Am Ende der Bewuchszone haben wir einen ungehemmten Blick auf die in gerader nordnordöstlicher Richtung befindliche Landenge zwischen Kangerluarsuk Tulleq Fjord und dem kleinen angrenzenden See, an dessen leicht gebogenem Südufer wir morgen entlang gehen werden.

Aufstieg zum Aappilattorsuaq; Landenge zwischen Fjord und See

Trinkbare Köstlichkeit aus dem Bauch der Berge

In der zweiten Etappe begleitet uns ein kleiner Bach über die Steigung bis auf die Hochfläche. Sein Wasser ist frisch und schmeckt herrlich. Auf der Hochfläche passieren wir einige kleinere Seen und Passagen aus brüchigem Steinzeug auf oftmals sandigem Untergrund. An einem der kleinen Seen, der umgeben ist von explodiertem Berg – Felsen in jeglichen Größen – lädt eine natürliche Steinbank zur Panzerplattenpause.

Wir befinden uns auf einer Höhe von etwa 600 m. In Marschrichtung rechter Hand (Richtung SSW) erhebt sich eine langgezogene 100 m hohe Steilwand. Glücklicherweise befindet sich der angestrebte Gipfel momentan ziemlich genau in Südrichtung, so dass diese Steilwand uns nicht ins Gehege kommt.

An einem weiteren See nach etwa 2 Drittel der zu passierenden Hochfläche finden wir relativ viele Rentierknochen, was Niklas dazu bewegt, ihn „Knochensee" zu taufen. Wir nehmen das letzte Stück bis zum Gipfel in Angriff. Niklas träumt davon, oben das erste Steinmännchen in dieser unberührten Wildnis, die nie ein Mensch zuvor betreten hat, zu errichten.

Mittlerweile ziehen mehr und mehr Wolken auf, die unaufhaltsam tiefer sinken. Kurz vor Erreichen des Gipfels können wir im Westen die Küste und den Nasaasaaq von hinten sehen und zu unseren Füßen den Amerloq Fjord. Es sind nur noch wenige Höhenmeter zurückzulegen, aber innerhalb von 1-2 Minuten stehen wir komplett in den Wolken mit Null Weitsicht. Fjord und Umgebung sind jetzt von einer milchigen Masse aufgesogen worden. Lediglich in einem 10-m-Radius sind Dinge vage erkennbar.

So auch der fette Steinmann, der als Gipfelmarkierung dient und in dessen Windschatten wir uns niederkauern. Damit platzt Niklas Traum wie eine Seifenblase. Von wegen, noch nie einer hier gewesen...

Aber: hier oben gibt es tatsächlich wieder Netz. Ich rufe die Ehefrau an und denke gar nicht daran, dass es zuhause ja 4 Stunden später ist – in diesem Fall etwa 22:30 h. Doch sie freut sich, ein Lebenszeichen von uns zu bekommen.

In gleichem Maße wie die Sicht schwindet, nimmt der Wind zu. Als auch beginnender weißer Niederschlag dazu kommt, hält uns hier oben nichts mehr. Es hat keinen Sinn, auf bessere Sicht zu warten. Rückmarsch ist angesagt. Wegen der schlechten Sicht haben wir den Kompass zu Hilfe genommen und uns danach recht genau nordwärts gerichtet. Die Magnetnadel führt uns über rutschigen Untergrund und durch loses Geröll und Sand. Einmal zieht es mir die Füße weg und ich schlittere ein paar Meter auf dem Hosenboden übers Geröll. Es ist nicht derselbe Weg, den wir heraufgekommen sind, sagt mein Hintern.

Panoramablick auf den Amerloq Fjord

Leider geraten wir im Nebel dann doch an einige hoch aufragende Ver-
werfungen. Die wollen wir nun nicht auch noch überwinden. Statt dessen
versuchen wir, den gemäßigten Weg zum Knochensee wiederzufinden, wo
Niklas den Rentierwirbel aufgelesen hat. Von dort aus ist der Rückweg
ziemlich klar.

Der weitere Abstieg zum Knochensee gestaltet sich dann tatsächlich
unproblematisch. Schnee und Regen werden nach und nach weniger; die
Wolken heben sich wieder bzw. wir unterlaufen sie nun. Von einem erhöhten Standpunkt haben wir nach der etwa 9-Stunden-Tagestour noch einen
schönen Blick auf den Kangerluarsuk Tulleq Fjord und den angrenzenden
namenlosen See.

Mal sehen, ob wir uns vor dem Abendmahl noch zu einer Ganzkörperwaschung an unserem Hausbach mit dem kleinen, duschartigen Wasserfäll-
chen durchringen können.

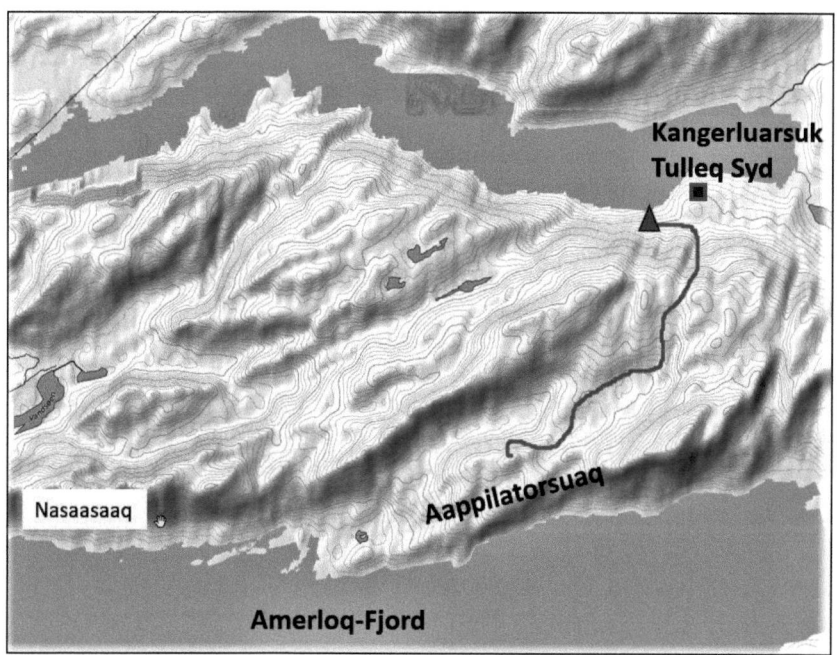

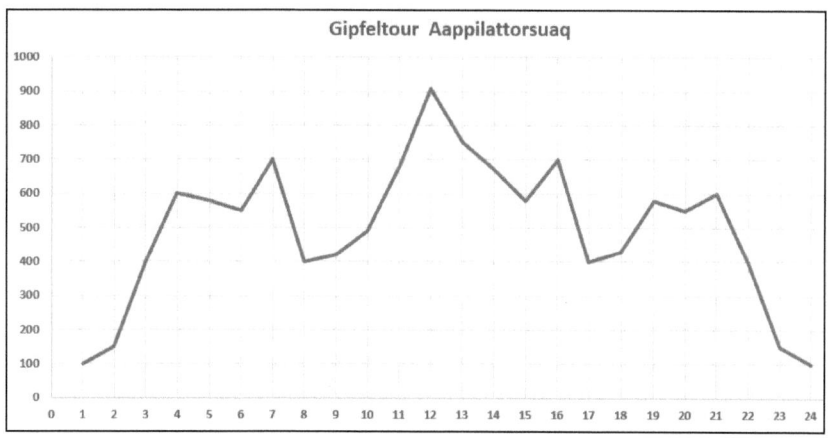

Höhenprofil dieser 24-km-Etappe

Kangerluarsuk Tulleq bis Qaarajuttoq

| Qaarajuttoq | Zwei Mädels | Ein Schädel | Badesession |

Wir haben uns gestern Abend doch nicht mehr gewaschen und entsprechend großzügig Männerduft in den Schlafsäcken verteilt. Es war einfach zu spät, zu kühl, zu windig.

Die heutige Etappe umfasst planmäßig 19 km bis zur Nerumaq Hütte. Diese Hütte liegt an dem Fluss, der letztlich in den kleinen See hier an der Landbrücke zum Fjord mündet.

Das werde ich wahrscheinlich nicht packen, angesichts der Erfahrung der beiden ersten Tage. Trotzdem gibt der Start nach dem gestrigen Trip Anlass zum Optimismus. Das Wetter ist gut – es herrscht blauer Himmel nachdem es die ganze Nacht geregnet hat. Niklas hatte seine Schuhe draußen stehen lassen, die jetzt pitschenass und durchweicht sind. Naja, werden schon wieder trocken werden.

Es wird ohne Hektik gepackt. Irgendwann bei hochstehender Sonne geht es weiter. Jetzt, Ende August, ist die Zeit der Mitternachtssonne am Polarkreis bereits vorüber, aber es gibt immer noch reichlich Tageslicht bis etwa 22 h. Das heißt, wir könnten heute immer noch 10 Stunden marschieren – theoretisch.

Um zu dem kleinen See zu gelangen, muss noch ein kleiner Hügel überquert werden. Dabei gilt leider nach wie vor, großangelegte Feuchtgebiete durchqueren zu müssen. Immer wieder versuchen wir, die extrem breitgelatschten, sumpfigen Passagen weiträumig zu umgehen. Aber manchmal wäre der Umweg so riesig, dass das kleinere Übel der direkte Durchmarsch ist. Es ist kein entspanntes Gehen und sehr kräftezehrend.

Irgendwo zwischen der Kangerluarsuk Tulleq Syd-Hütte und der Landbrücke kommen uns zwei junge Frauen entgegen. Eine von beiden ist schon ziemlich erschöpft und aus einem uns unbekannt gebliebenen Grund wollen die beiden heute noch Sisimiut erreichen. Das ist ab hier ein Marsch von immer noch ca. 22 km. Die beiden haben kein Zelt dabei und aus Gewichtsgründen auch noch ihren letzten Proviant irgendwo zurückgelassen. Selbst wenn sie ohne Pause durchgehen, werden sie – unter Berücksichtigung ihres momentanen körperlichen Zustands – mit an Sicherheit grenzender Wahrscheinlichkeit bis weit in die Nacht hineinlaufen. Sie würden dort jemanden kennen, der ihnen mit einem Quad entgegenkommen und sie einsammeln soll, sagen sie. Immerhin haben sie ein modernes Satelliten-Telefon dabei, mit dem sie Kontakt aufnehmen können. Alles in allem: Eine merkwürdige Geschichte.

Es wird sonniger und immer wärmer. Wir halten in spitzem Winkel auf die Landbrücke zu und werden den namenlosen See später an seinem westlichsten Zipfel erreichen. Angesichts der Wetterentwicklung beschließen wir schon jetzt, dort ein erfrischendes Bad zu nehmen.

Wegen der dauernden Umwege gelingt es uns wieder, erfolgreich den Pfad zu verlieren. Das führt dazu, dass wir die letzte Strecke bis zum See, die endlich mal bergab führt, durch dichtes Weidengebüsch zurücklegen müssen. Überflüssig, zu erwähnen, dass witterungsbedingt Millionen Mücken zeitgleich mit uns hierorts unterwegs sind. Für die sind wir ein gefundenes Fressen.

Mitten im Gestrüpp schenkt mir ein ausgebleichter, raubtierhaft anmutender Schädel ein zähnefletschendes Lächeln. Hund? Schwein? Katze? Maus? Im Ernst, wir wissen nicht, was es ist. Für Fuchs zu groß, für Wolf zu zahm. Vermutlich Hund; Schlittenhund oder so. Da der Schädel gut erhalten ist, relativ wenig Raum einnimmt und wenig wiegt, nehme ich ihn erstmal mit. Mal sehen, ob ich ihn morgen auch noch im Gepäck werde haben wollen.

Am Ufer des Sees treffen wir auf eine 4-köpfige Gruppe, die aus der Gegenrichtung kommt und auf die Landbrücke will. Es sind wohl Engländer, wobei die einzige Frau in dem Quartett eine grönländische Physiognomie besitzt. Wir können uns mit ihr und ihrem vermutlichen Partner in einem Mix aus Englisch und sogar Deutsch verständigen. Alle stöhnen unter der unerwarteten Hitze. Wir erwähnen, dass wir gleich an einer geeigneten Stelle in dem See baden wollen, was der Frau beim bloßen Zuhören Kälteschauer über den Rücken jagt. Nach ihrer eigenen Aussage hat sie während der 10 Tage, die ihre Gruppe unterwegs ist, von großflächigen Körperreinigungsaktionen lieber Abstand genommen. Naja, eigentlich hat sie sogar gesagt, sie hätte sich während dieser Zeit gar nicht gewaschen und habe nun das Gefühl, dementsprechend zu riechen. Aber in den See? Oder einen Fluss? Never!

Schließlich geht jeder seines Weges. Nach nur wenigen Metern passieren wir eine kleine Stufe bewachsenen Erdreichs direkt am Ufer. Hier lassen wir uns nieder: Die Rucksäcke werden abgestreift, die Füße von ihren ledernen Gefängnissen befreit und die schwitzenden, darbenden Körper in die pralle Sonne gelegt. Erstmal verschnaufen, bevor wir uns der kalten Umarmung der Fluten hingeben.

Niklas Schuhe werden so positioniert, dass sie möglichst viel direkte Sonneneinstrahlung abbekommen und eventuell auftretende Brisen mithelfen können, die Schuhe weiter zu trocknen. Wir werden es eine Zeit lang hier aushalten.

Der See ist in Ufernähe ziemlich flach, der Grund mit Kieseln belegt. Man muss schon ein paar Meter hineinwaten, bis eine ernstzunehmende Wassertiefe zum Untertauchen erreicht ist. Erstaunlicherweise ist das Wasser gar nicht mal so kalt. Die Flüsse und Seen in Lappland waren deutlich kälter.

Das Bad tut gut. Wohlig erfrischt lümmeln wir uns wieder in die spärliche Botanik. Es ist total still. Noch nicht mal die zahlreichen Kriebelmücken hört man. Mangels Wind plätschern auch keine Wellen ans Ufer. Hörbare Stille umfängt uns. So dösen wir in der warmen Sonne dahin.

Ein paar Meter müssen wir heute aber noch machen. Ob ich die ursprünglich angedachten 19 km hinbekomme – ich weiß es nicht.

Aber zunächst geht es für etwa 2 km in einer langgezogenen Kurve – quasi mit dem linken Fuß im Wasser - direkt am Südufer des Sees entlang bis zu dessen östlichem Ende. Der Boden ist meistenteils fest und grasbewachsen – also angenehm zu begehen. Dann zwingt uns das Gelände in Form der westlichen Steilwand des Qaarajuttoq scharf nach Norden abzubiegen. Und schon sind wir wieder für weitere 2 km im Sumpfland. Hört das denn nie auf? Linker Hand begleitet uns zunächst der Zufluss zu dem Badesee. Hier ist die Erdschicht etwas dicker und an einer Stelle hat der strömende Fluss eine wunderschöne, etwa 2m tiefe Badewanne ausgewaschen. Ein natürlicher Whirlpool. Schade, dass wir schon gebadet haben.

Der Weg wird für kurze Zeit weniger sumpfig. Dann, hinter einer vorspringenden Felsnase abermals nass. Wir umrunden nun die Nordflanke des Qaarajuttoq, wo der Boden endlich dauerhaft etwas fester wird.

Mir reicht es für heute. An dieser NordWest-Ecke des Qaarajuttoq haben wir eine Wegausbeute von 11 km geschafft. Hier gibt es auch annehmbare Lagerplätze, von denen wir ohne große Präferenz einfach den nächstbesten auswählen. Quasi die erste Gelegenheit nach Beschlussfassung zur Übernachtung. Wir lagern am Fuß einer relativ steilen Flanke des Qaarajuttoq, die den Pfad noch auf weitere 8 km begleiten wird. Der abgeflachte Brocken bildet oben auf ca. 800 m eine Hochebene aus. Momentan befinden wir uns am südlichen Ende eines etwa 8 km langen und 4 km breiten Tals, das von Südwest nach Nordost verläuft. Zwei Seen mit 1 und 2 km Länge bestimmen das Gelände in diesem Tal. Diese beiden Seen sind miteinander und auch mit unserem Badesee verbunden. Und dieser wiederum mit dem Fjord, in den letztlich alles Wasser fließt.

Die Etappenende-Routine setzt ein. Zelt und Footprint (Zeltunterlage) aus dem Rucksack, dann Heringe und Stangen aus dem Packsack fischen. Footprint auslegen, möglichst ohne (spitze) Steine oder Kuhlen unter sich zu begraben. Stangen in die entsprechenden Führungstunnel des Zeltes fädeln, die Polyesterburg mit dem Footprint übereinbringen, alles abspannen: Fertig ist die Laube! Jetzt noch etwas „Schöner Wohnen" und die Innenausstattung mit Isomatten, Schlafsäcken und dem ganzen anderen Plunder dekorieren und dann lassen wir uns von dem überraschen, was Keller und Küche zu bieten haben. Das wird erfahrungsgemäß nicht viel sein, aber der Mensch freut sich bekanntlich schon über wenig.

Wegen der allgegenwärtigen Mücken kochen und essen wir im Zelt. Wie erwartet fällt der Abendschmaus wieder verbesserungswürdig aus. Ein Topf voll Kartoffelpü, liebevoll garniert mit einem Dutzend Markklößchen und durchsetzt mit filigran gewürfelter Salami – davon setzt man kein Fett an.

Das Wetter war heute herrlich; aber teilweise auch schon zu warm. Die schwerbödigen Sumpfpassagen machen es mir nicht leicht, den gewichtigen Rucksack mit der erforderlichen Leichtigkeit durchs Gelände zu expedieren. Wenn der rinnende Schweiß dann auch noch die Mücken anlockt, ist es auch nicht so prickelnd. Bislang hatten wir die Kriebelmücken mehr oder minder ignoriert, aber heute ging es ohne Mückennetz über dem Kopf tatsächlich nicht mehr. Die Übermacht war einfach zu groß. Schau'n wir mal, was die nächsten Tage bringen werden.

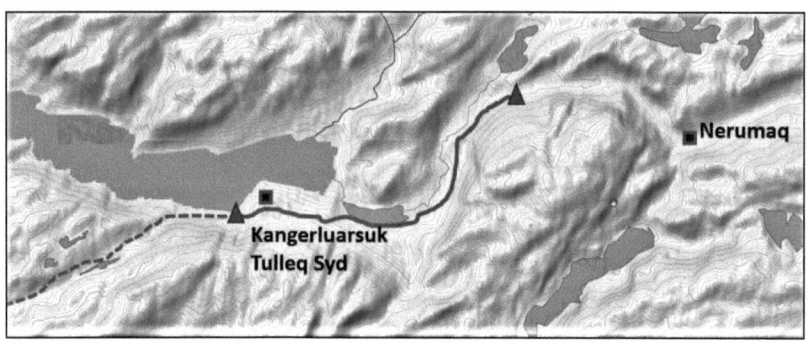

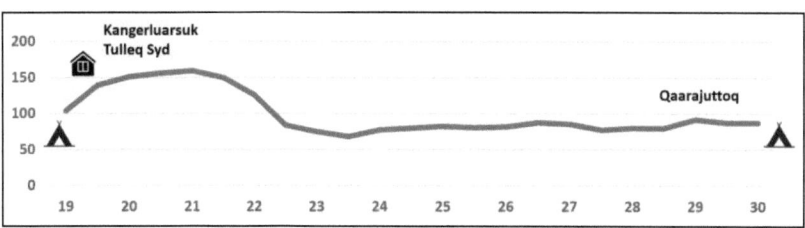

Höhenprofil dieser 11-km-Etappe

Qaarajuttoq bis Nerumaq-Hütte

| Qaarajuttoq | Müll | Nerumaq | der Ami |

Das Wetter ist immer noch sehr offen, sonnig und mit 15° unverhältnismäßig warm. Das Frühstücksmüsli wird verdrückt und die Etappenanfang-Routine nimmt ihren Lauf. Dazu gehört auch, die Kochutensilien zu spülen und den Müll zu verstauen.

Benutzte Töpfe bekommt man sehr gut mit natürlichen Hilfsmitteln gereinigt: Nichts geht über feuchte Moos-/Erdballen vom Flussufer und feinen Sand. Davon bekommt man garantiert keine „Spülhände" (Spätgeborene bitte googeln: +tilly +palmolive).

Allen, wirklich ALLEN Müll nehmen wir wieder mit. Den haben wir vorher getragen und er ist nicht schwerer geworden. Es ist erschreckend, wieviel Müll in der Gegend herumliegt. Darüber hinaus werden in deckungslosem Gelände größere Einzelfelsen von der Wanderer-Community kurzerhand zur Latrine erklärt und der Weg dorthin breit verteilt mit benutztem Klopapier markiert.

Man sollte meinen, dass die Leute, die hier unterwegs sind, die Natur suchen und keine Müllhalde. Natürlich darf man nicht alle über einen Kamm scheren, aber die Müllmenge lässt leider darauf schließen, dass ein Großteil der Wanderer sich keinen Deut darum schert, was sie mit ihren Hinterlassenschaften anrichten.

Nicht umsonst ruft die Initiative „polarrouten.net" dazu auf, verantwortungsvoll mit der Natur umzugehen und alles Material, mit dem man seine Wanderung startet auch am Zielort noch in seinem Rucksack hat. Angefangen von Lebensmittelverpackungen über Teebeutel und auch – ja – benutztes Toilettenpapier. Manche Stimmen gehen sogar noch weiter und fordern, auch die eigenen Exkremente wieder aus dem Weltkulturerbe zu entfernen.

Wir benutzen biologisch abbaubare Feuchttücher als Toilettenpapier. Die kann man nach Gebrauch wunderbar zusammenfalten und in einen Sammelmüllbeutel geben. Einen stabilen Müllsack kann man prima quetschen. Er kann immer irgendwohin gestopft werden, denn das Volumen seiner Inhaltskomponenten kann niemals größer sein als vor deren Benutzung.

„Hikers Maintaining the Trail" ist nicht nur ein Aufruf, den eigenen Müll wieder mitzunehmen, sondern auch Zeug, über das man unterwegs zwangsläufig stolpert. Wir haben das tatsächlich auch getan und uns zudem insbesondere in der Katiffik-Hütte dementsprechend ausgetobt (s. dort).

Hikers Maintaining the Trail

Dear fellow hikers,

What does this sticker mean, which you may have seen already on the backpack of one or the other hiker on the Arctic Circle Trail / Polar-Route?

The trail you walk is regarded by many as the most famous hiking trail of the Arctic. In recent years, the number of hikers on it has increased. In a statistical survey conducted in 2016 1,290 hikers were identified in one year (2015-09-01 – 2016-08-31). This also causes problems, as you can see at some parts of the trail. Although a firm is commissioned by the municipality to run the huts and to clean them several times a year, that does not fix everything. This is the reason why an initiative has been set up in 2011 to motivate hikers to contribute to the preservation of this wonderful hiking trail.

How can I participate?

Very simple, contact us via the Internet address above or at the campsite in Kangerlussuaq before you leave. Or if you now decide to join the initiative on the trail, look for a place that looks dirty or needs tidying up. First take a photo of it under this condition, then clear up, and then take a photo of it afterwards. And if you have access to the Internet again after the hike, please inform us at http://Ididit.polarrouten.net . Briefly describe what you have done, add the photo before and the photo after and upload it all.

Perhaps someone may ask, why should we transmit this over the Internet? Isn't it enough just to make it a bit cleaner? To this we say, no, it is also to be appreciated afterwards what has been made by hikers; Once perhaps by a "thank you" from the commune of Qeqqata or our association, but also to evaluate the contributions of the hikers.

Of course, you can also send suggestions that our association will collect and communicate to the municipality and to others. Thus, last year (2016), 214 hikers have sent an open letter to the Qeqqata commune to their plan to set up a motor-road for ATVs (i.e. "All Terrain Vehicles" or quad bikes) on the track of the present hiking-trail and parallel to it. It is only when we persistently promote ourselves as self-conscious hikers and world citizens that this hiking trail, which is really a protective world heritage (whether with or without entry into the World Heritage List of UNESCO), will also be preserved for future generations.

We work on it!

Dr. Frieder Weiße alias Malik
Polar-Routen e.V.
Förderverein für Wandern und Naturschutz
Address in Germany: Post box 390 112 - D-14091 Berlin
Address in Greenland: Kangerlussuaq Campingsite - 3910 Kangerlussuaq
Email: info@polarrouten.eu
Internet: www.polarrouten.eu

Hikers Maintaining the Trail

Wir werden heute die restlichen 6 km entlang der Nordseite des Qaarajut-toq durch ein relativ enges Tal zurücklegen. Das Tal ist etwa 500 m breit und wird an der gegenüberliegenden nördlichen Seite ebenfalls durch eine langgezogene Steilwand namenloser Bergrücken begrenzt. Die höchsten Punkte dort sind 588, 627 und 532 m hoch. Das Blöde beim Versuch der Streckenbeschreibungen ist, dass fast keiner der Flüsse, Seen oder Berge Namen haben. Zumindest nicht auf der Karte.

Da wir praktisch auf dem Talgrund entlang marschieren, geht es heute ausschließlich durch grüngefärbte Bereiche auf der Wanderkarte. Das kann ein Vorteil sein, muss aber nicht. Die realen Ausprägungen für „grün" reichen von sehr spärlichem Bewuchs durch einzelne Grashalme bis hin zu ausgedehnten, dschungelähnlichen Weidengürteln – je nach Höhenlage und Bodenbeschaffenheit. Das müssen wir letztlich auf uns zukommen lassen.

Tatsächlich bieten die ersten beiden Boden-Kilometer den Füßen Anlass zur Freude. Weicher Untergrund, Grasbüschel hier und da und gemäßigtes topographisches Auf und Ab. Bis jetzt führten Weg und Fluss nahe neben-einander her, aber nun sieht es so aus – es gibt neben dem Augenschein keinen weiteren Hinweis etwa in Form eines Steinmännchens oder Ähnli-chem – als möchte der Fluss hier durchquert werden. Die Stelle ist als Furt eigentlich ganz gut geeignet. Flaches Wasser und ein etwa 5 Meter breites Flussbett. Schuhwechsel ist allerdings angesagt.

Irgendwie haben wir keinen Bock auf Schuhe aus, Sandalen an, Sandalen aus, Schuhe an. Es muss doch weiter oben eine engere Stelle geben, über die man so rüber kommt.

Nach 100 erfolglosen Metern über Fels und durch Weiden kehren wir reumütig zur Furt zurück und vollziehen das notwendige Prozedere. Keine 500 Meter weiter, hinter dem nächsten Hügelchen, stehen wir vor der zweiten Furt über denselben Fluss. Dieses Mal ist das Wasser tiefer und die Strömung etwas stärker. Hier treffen wir auch auf eine Handvoll entgegen-kommender Wanderer, die genauso souverän wie wir das blaue Band des Weiß-nicht-wie-er-heisst durchqueren und am jenseitigen Ufer ihre Füße wieder in die strammen Schuhe zwängen.

Flussdurchquerungen finde ich jedes Mal erhebend. Ich finde, das ist das Salz in der Suppe einer „Wildnis"wanderung, wenn man vor diesem natür-lichen Hindernis steht, das überwunden werden muss. Auf den markierten Pfaden stellt das in der Regel kein Problem dar. Hier wird man durch den getrampelten Pfad automatisch zur günstigsten Furt geführt. Was einen nicht davon enthebt, grundsätzlich Vorsicht walten zu lassen. Die Flussbet-ten sind steinig, das kalte Wasser macht die Füße gefühllos, der Wasserstand variiert je nach Jahreszeit, Tageszeit und Witterung der letzten Tage. Besonders, wenn die Wassertiefe übers Knie hinausreicht, sollte man auch die Strömung beachten. Die Wanderstöcke als „drittes Bein" sind immer eine Hilfe bei diesem Unternehmen.

Der Boden ist noch immer gut begehbar. Allerdings knallt uns die Natur nun einen edlen Faltenwurf im Gelände vor den Latz, großzügig garniert

mit übermannshohen Weidenbüschen. Ohne den einspurigen Trampelpfad durch diesen Urwald widerspenstigster Äste gäbe es kein Durchkommen. Dann müsste der Weidengürtel weiträumig umgangen werden.

Die Strecke durch die vermaledeiten Weiden ist im Nachhinein absolut gesehen gar nicht so groß – nur etwa 500 m. Aber wenn man drin steckt, die Sicht maximal 20 m beträgt, die Weiden sich in die Rucksäcke krallen und beim ewigen Auf und Ab die Mücken allzeit präsent sind, verbringen wir gefühlt lange Stunden und Kilometer an diesem lauschigen Platz.

Schwer durchdringlicher Weidengürtel

Diese Passage hat mich sehr gebeutelt. Meine Kräfte lassen langsam nach. Die Nordflanke des Qaarajuttoq ist noch immer nicht vollständig umrundet. Wir nähern uns der Stelle, wo das Tal, in dem wir uns befinden, seine Ausrichtung nach nordnordost ändert. Hier weitet es sich ein wenig und der Talgrund verwandelt sich in eine Ebene, die nur vom Fluss eingeschnitten ist. Schon bald sehen wir vor einer im Hintergrund aufragenden Felswand die kleine Nerumaq-Hütte auftauchen.

Auf diesem ebenen Boden gibt es Zeltplätze genug. Wir wählen einen vis-á-vis der Hütte, getrennt durch den Einschnitt des Flusses, den man nur sieht, wenn man direkt davor steht.

An der Hütte rührt sich nichts. Über die lichte Entfernung von 300 m ist nicht zu erkennen, ob derzeit ein temporärer Bewohner anwesend ist oder nicht. So bereiten wir in gewohnter Manier das Lager. Der Untergrund ist wirklich gut. Es sind keine „Aufräumungsarbeiten" – wie etwa spitze Steine unter dem Zeltboden zu entfernen – notwendig.

Wir sind neugierig auf die Innenarchitektur der Hütte und so machen wir uns noch vor dem Abendessen auf den Weg dorthin. Kurz vor Erreichen des kleinen Holzhäuschens muss der Fluss in seiner etwa 5 m tiefen Versenkung überquert werden. Er ist an dieser Stelle sehr schmal, so dass er kein wirkliches Hindernis darstellt.

ⓘ Nerumaq

Position: N6700173 – W5257450
Liegeplätze: 4-6

Der Innenraum der 4-5 m kurzen Hütte ist winzig und zweigeteilt. Den ersten Teil nimmt das Entree mit Kochbrett ein und diesem gegenüber ein niedriger Podest als Ablagefläche für Rucksäcke und anderes, der zweite Teil beherbergt die 4-6 Schlafplätze. Diese sind in Form eines U-förmigen Etagenbetts angebracht.

Wir erwarten nicht wirklich, jemanden vorzufinden und sind umso erstaunter, einen jungen Mann scheinbar aus dem Schlaf zu schrecken, der es sich auf einem der wenigen Liegeplätze gemütlich gemacht hat. Der Bursche ist Amerikaner von der Ostküste (Staat Washington) und klagt uns auch gleich sein Leid.

Nur wenige Stunden vor seinem Abflug hat man sein Auto aufgebrochen und ihm die gesamte Ausrüstung für diese Wanderung geklaut. Als er es bemerkte, war es kurz vor Ladenschluss und er rief den Dealer seines Vertrauens an und bat darum, noch nicht zu schließen – er brauchte ganz dringend eine neue Ausrüstung – sein Flieger würde schon hupen. Da für gezielte Beratung keine Zeit blieb, hatte er halt das gekauft, was man ihm „hingehalten" hat. Erst hier vor Ort, hat er dann feststellen müssen, dass einige Ausrüstungsteile, darunter auch Zelt und Schlafsack, für die hiesigen Verhältnisse unzureichend sind. Darum sein er nun gezwungen, den ACT als Hüttentour zu begehen.

Ob das mit der unzureichenden Qualität der Ausrüstung so für bare Münze zu nehmen ist, wage ich zu bezweifeln. Was muss denn das für ein Ausrüster sein, der solches Zeug vertickt? Das Zielgebiet Grönland wird der Ami ja wohl angegeben haben. Wir wissen auch nicht, ob der ACT seine erste Unternehmung dieser Art ist.

Nun, wie dem auch sei, wir erfahren noch, dass er morgen zur nächsten Hütte weiterziehen will – das ist für ihn, der von Kangerlussuaq kommt, die Kangerluarsuk Tulleq Syd-Hütte –, dann überlassen wir ihn seinem Schlafbedürfnis und erkunden noch ein wenig die nähere Umgebung der Hütte.

Man findet auch hier, wo es weit und breit ansonsten nicht den Hauch einer Möglichkeit gibt, sich den voyeuristischen Blicken der Rentiere (oder wessen auch immer) bei Verrichtung hochintimer Tätigkeiten zu entziehen, dasselbe Latrinenmodell „OPEC" wie an der letzten Hütte. Naja, wer's mag.

Der abendliche Spaziergang vor der 600 m hohen Felsenkulisse an der Nordseite des Tal endet schließlich vor dem Trangia-Kocher, der ohne schuldhaftes Verzögern in Betrieb genommen wird.

Während der nicht gerade üppig zu nennenden Mahlzeit stellen wir beim Kartenstudium fest, dass wir – den Tagesausflug auf den Aappilattorsuaq ausgenommen – in 4 Etappen gerade mal 37 km (im Schnitt gut 9 km/Tag) geschafft haben. Ist im Grunde ein eher gemütliches Tempo, das wir uns allerdings nicht leisten können. Wenn das so weitergeht, werden wir rechnerisch noch 14 Tage für die restlichen knapp 130 km benötigen und mithin unseren Rückflug um einen Tag verpassen. Von den übrigen geplanten Ausflügen (Ice Cap, Russels Gletscher usw.) mal ganz abgesehen. Die Tagesetappen müssen einfach länger werden. Die letzten Tage haben gezeigt, dass der schwere, nasse Boden bei dem hohen Transportgewicht letztlich zu kräftezehrend ist. Da die weiteren Gegebenheiten unbekannt sind, müssen wir uns etwas ausdenken. Darum werden wir morgen einen Ruhetag einlegen und die weitere Vorgehensweise durchdenken.

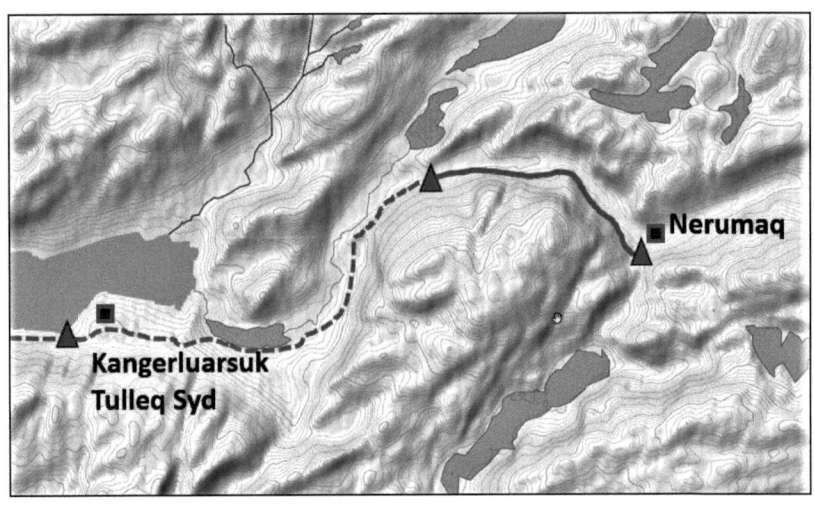

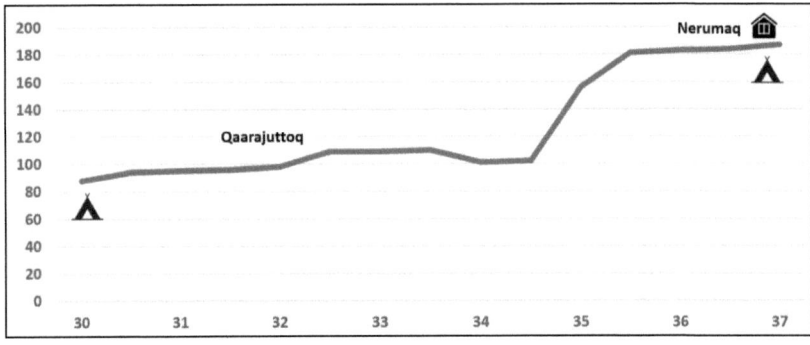

Höhenprofil dieser 7-km-Etappe

Ruhetag

| Inventur | Overload | der Arschsack |

Um ehrlich zu sein: Der heutige Ruhetag ist wegen fortschreitender Erschöpfung mir geschuldet. Vielleicht bin ich mit 59 ganz einfach schon zu alt für diesen Scheiß. Aber nein, alles, aber das nicht! Positiv denken!

Unterm Strich sind es zwei entscheidende Faktoren, die das momentane Ergebnis hervorgebracht haben: 1) die Wegebeschaffenheit und 2) die mitgeführte Tonnage. An 1) können wir faktisch nicht drehen, sondern müssen es immer so nehmen wie es kommt. Bei 2) sieht es schon anders aus. Hier steht als erste Maßnahme eine Inventur ins Haus und dann sehen wir weiter.

Wir stellen fest, dass meine Proviantplanung ein wenig übers Ziel hinaus-geschossen ist. Das wiederum hat meines Erachtens zwei Gründe. Der eine geht zurück auf Wanderungen mit Jens, der leider bei diesem Abenteuer nicht dabei sein kann. Vermutlich habe ich Jens' immerwährende Angst, zu verhungern mit einkalkuliert und die Tagesrationen etwas großzügig berechnet. Na, jedenfalls ist die doppelte Nudelportion für einen Tag etwas zu happig ausgefallen. Dann haben wir zusätzliche Tagesausflüge geplant, zwar ohne Streckengewinn, aber mit jeweiligem Captain's Dinner am Abend.

Fazit: Wir stornieren die Ausflüge und streichen insgesamt fast 5 kg aus

dem gegenwärtig verfügbaren lukullischen Programm: le-ckere Nudelgerichte (8x), herzerwärmende Schokolade (4 Tafeln), wohlige Bauchge-fühle hervorrufende Suppen (4x), Power-Müsliriegel zu je 120 g (4x), 3 Beutel Müsli (☺ ca. 1,5 kg) und schließlich 1,5 Liter Spiritus. Die Fette Brühe rühren wir nicht an.

Das ist unser logistischer Aderlass auf dem Weg zum Rücken-Glück.

Wohin jetzt mit dem Zeug?

Da wir in Sichtweite einer Hütte kampieren ist dieses Problem schnell gelöst. Das Zeug wird als Leftovers für nachkommende Wanderer dort deponiert. Für die anspruchslose Flussüberquerung bastelt Niklas aus einem Packsack und den Koffergurten ein notdürftiges Behältnis, das tief am unteren Rücken herabhängt, ihm aber für die Flussüberquerung die Hände freilässt. Muss ja nur 200 m halten, der Arsch-Sack.

Wir bringen das Zeug rüber. Der Ami staunt und der Laie wundert sich über den Kaloriensegen. Ob er selbst etwas von dem Proviant benutzt hat, wissen wir nicht, aber hoffentlich hat er. Dafür ist es ja gedacht.

Mit dem Arschsack zur Hütte

Immerhin haben wir jetzt satte 5 kg weniger zu schleppen. Verloren und wiedergefunden sind es schon 10 und vor den Spiegel gehalten gleich 20. Man kann sich alles schön rechnen, wenn man nur will! Ich meine, die Erleichterung bereits jetzt auf meinen Schultern zu spüren.

Momentan umgibt uns der schiere lukullische Überfluss. Da heißt es: Die Gelegenheit nutzen und aus dem Vollen schöpfen. Das wird heute eine ordentliche Mahlzeit geben. Wer sonst schon nix leistet, soll wenigstens den Topf voll haben.

ᶜᴬrctic Circle Trail

Eine kleine Energiereserve wäre für die morgige Etappe wahrlich nicht ungeschickt. Gemessen an den letzten Tagen soll es morgen gleich eine „Doppeletappe" werden. Wir wollen bis zur nächsten Hütte vorstoßen, weil das ein markantes Ziel ist. Mit meinem Daumen messe ich die Strecke auf der Karte ab. Eine Daumenbreite von mir bedeuten ziemlich genau 2 km auf der Wanderkarte. 8 Daumen passen auf die Strecke – macht nach Adam Riese also 16 Kilometer. Na, schau'n mer mal!

 Wanderkarten

Wanderkarten sind unverzichtbarer Bestandteil der Ausrüstung. Ohne geeignete topographische Karten sollte eine solche Wanderung gar nicht erst begonnen werden.

Für den ACT sind drei Karten erforderlich, die nebeneinander gelegt den gesamten Trail abdecken. Diese Kartenblätter heißen SISIMIUT, PINGU und KANGER-LUSSUAQ. Die Karten haben einen Maßstab von 1:100.000 mit einem Höhenlinien-intervall von 25 m, d.h. zwischen zwei dicken (100er) Linien liegen 3 dünne.

Der Maßstab 1:100.000 ist ideal für eine längere Wandertour. Obwohl man auch größere Streckenabschnitte im Blick hat, kann man trotzdem die Veränderung des Geländes gut nachvollziehen. Die Orientierung anhand der Karte ist einfach. Karte und reale Landschaft lassen sich leicht übereinbringen. Zudem sind die Wanderwege als gestrichelte oder punktierte Linien eingezeichnet. Die Legende am Kartenrand ist reichhaltig.

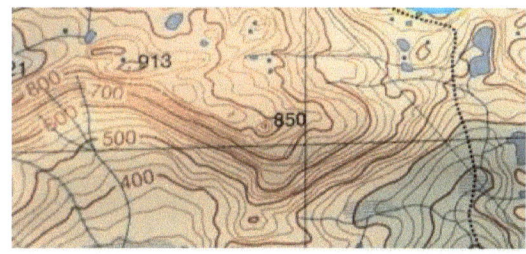

Beispielansicht

Herausgeber der Karten ist das grönländische Fremdenverkehrsbüro „Visit Greenland" --> visitgreenland.com. Sie sind beispielsweise von der Geobuchhandlung Kiel (geobuchhandlung.de) zu beziehen oder auch vor Ort in den jeweiligen Touristeninformationen.

Auf der Rückseite der Karten gibt es zusätzliche Informationen z.B. über empfohlene Wanderrouten, Sehenswürdigkeiten, Aussichtspunkte, Unterkünfte usw.

Nerumaq-Hütte bis Innajuattoq-II-Hütte

| Nerumaq | Girlie-Group | Innajuattoq II | Badetag | Plastiksack-Klo | Invasion der Rentner |

Die Nacht war so kühl, dass am Morgen die unteren Zeltränder leicht gefroren sind. Der Herbst ist im Anmarsch.

Nach Planumstellung und Verschlankung der Tonnage steht heute die erste „Neu-Etappe" bevor, die bisher längste mit 16 km. Die Schindereien der letzten Etappen kreisen noch recht frisch durch meinen Hippocampus. Entsprechend respektvoll schultere ich den Rucksack mache den ersten, für einen Menschen kleinen, Schritt in bessere Zeiten. Es fühlt sich gut an.

Das Vorspiel stellt die mittlerweile fünfte Überquerung des schmalen Flusses dar. In der Nerumaq-Hütte tut sich nichts. Der Ami ist noch da, scheint aber noch zu schlafen. Wir stören ihn nicht. Und dann geht es los.

Der Weg lässt sich gut angehen. Angenehmer Boden verwöhnt unsere Füße. Der Himmel ist bewölkt, die Temperatur ist niedrig genug, um aus Wanderer-Perspektive als angenehm zu gelten. Wir folgen dem Tal immer auf einer Höhe 150-180 m. Linker Hand ziehen sich Steilhänge während des gesamten Weges bis zur Innajuattoq-Hütte. Rechter Hand steigt das Tal zunächst flacher an, aber auch dann erheben sich abrupt Steilflanken des Nerumaq-Rückens.

Nach knapp der Hälfte der Etappenstrecke verlassen wir den grünen Talboden, der zwischenzeitlich ab und an wieder mit sumpfigen Passagen aufwartete, und steigen von 200 auf 500 m hoch auf eine kleine Hochebene.

An deren nördlichem Rand gehen wir für etwa 5 km entlang, wobei unter anderem eine kleine, in greifbarer Nähe befindliche Seenkette passiert wird. Immerhin entfliehen wir dem Sumpf und genießen den Vorteil festeren, wenn auch steinigeren Bodens.

Gegenüber der kleinen Seenkette befindet sich ein Konglomerat aus drei bis fünf Wasserflächen in einer markanten Form. Wenn man oldschool, also ohne GPS und nur mit Kompass und Karte, unterwegs ist, bieten sich augenfällige Landmarken an, unterwegs den eigenen Standort schnell bestimmen zu können. Um zu sehen, wie weit man noch vom angepeilten Ziel entfernt ist. Das Format der Wanderkarte ist Beintaschenkonform. So kommt man jederzeit schnell dran, ohne den Rucksack absetzen zu müssen. Überhaupt schaut man eigentlich zu jeder sich bietenden Gelegenheit auf die Karte, vornehmlich dann, wenn man sich während einer Pause in die Landschaft flegelt und dabei selig seine Schokoladen- oder Müsliriegel-Ration lutscht. Blöd dabei ist nur, wenn man mittlerweile altersweitsichtig ist und ohne Brille nur ein abstraktes Gemenge brauner, grüner, blauer und weißer linienloser Flächen erkennen kann. Aber weit gucken geht gut: Da bin ich der erste, der die Hütte in 5 km Entfernung gestochen scharf auf der Netzhaut hat.

Die Innajuattoq-Hütten, denn eigentlich sind es zwei – Innajuattoq I und Innajuattoq II, stehen an einem See mit einem Inselchen darin. Die größere Hütte (II) steht direkt am See, die kleinere (I) etwas oberhalb auf einer kleinen Erhebung. Diesen See sollten wir wohl von dem vor uns liegenden Ende der Hochfläche aus sehen können.

Nur kurz bevor wir den Abgang von der Hochebene erreichen, kommt uns eine quirlige Girlie-Group entgegen. Wir plauschen ein wenig mit den vier jungen Berliner Mädels und lassen die von uns in der Nerumaq-Hütte zurückgelassene Schokolade nicht unerwähnt. Vier Paare Mädchenaugen weiten sich kollektiv erwartungsvoll und schon plant man dahingehend um, die Strecke bis Nerumaq nicht zu teilen, sondern sich direkt und ohne schuldhaftes Verzögern der Schokolade zu nähern. Die sind total aus dem Häuschen und kaum noch aufzuhalten. Liegt vermutlich am Zuckerentzug. Wir schauen ihnen noch eine Zeit nach, während derer ich die außen am Rucksack eines der Mädels befestigte Keramiktasse gedankenverloren fokussiere. Sachen gibt's.

Während der nächsten etwa 2 km neigt sich das Gelände sanft dem Gewässer zu. Hier treffen wir auf ein Pärchen mittleren Alters, das uns einen Abstecher vom Trail zu einer anderen Hütte am See schmackhaft machen will. Dort waren sie vor etwa zwei Tagen und geraten so richtig ins Schwärmen über die Lage der Hütte. Wir werden sie heute Abend auf der Karte suchen und dann entscheiden, was wir mit dieser Information anstellen werden.

Wir brauchen nicht so weit hinunter zu gehen wie hinauf. Der See liegt auf einer Höhe von etwa 280 m. Die letzten 2 km führt der Weg direkt am nördlichen Seeufer entlang. Er ist relativ trocken, nur müssen ab und zu einige mittelgroße Felsbrocken umgangen werden. Als letztes Schmankerl, bevor man endlich den Rucksack ablegen kann, muss der Seeabfluss noch überquert werden. Das sind aber nur etwa 30-50 m, die bequem steinhop-senderweise bewältigt werden. Vor der Hütte steht ein einsames Ein-Mann-Zelt, das von einer jungen Frau bewohnt wird, die uns freundlich zuwinkt. Etwas weiter weg stehen lose verteilt zwei weitere Zelte. Ansonsten ist niemand da.

Ich bin froh, nach dieser Etappe Schuhe und Rückensack loszuwerden. Ich plädiere für eine Übernachtung in der Hütte, die so leer ist wie mein Magen. Der Sohn gibt seine Zustimmung schweigend – auch er verspürt heute keine Lust mehr, sich dem Zeltaufbau zu widmen.

Also erst mal rein in die Bude. Die Hütte ist in der Tat sehr geräumig und verfügt über zwei große Räume und ein Kabuff. Man tritt durch eine „Schleuse" in einen geräumigen Vorraum, der linker Hand mit einem Petroleum-Ofen aufwartet, an der gegenüberliegenden Wand eine Koch-Spül-Ecke anbietet und in der rechten Ecke zwei Schlafstätten, vor denen ein kleines, niedriges Tischchen steht. Direkt rechts von uns, die wir noch in der Tür stehen, hat man eine Essecke gebaut: Einen Tisch mit zwei Bänken, die Platz für vier Personen bieten – oder sechs, wenn man etwas intimer sitzen möchte. Der zweite große Raum beherbergt 5 Etagenbetten, mithin weitere 10 komfortable Liegeplätze. Insgesamt also 12.

Zwischen der „Schleuse" und der Essecke befindet sich ein Kabuff, aus dem es nicht wirklich frisch riecht. Tatsächlich befindet sich darin eine Toilette der besonderen grönländischen Bauart wie wir sie noch in zwei anderen Hütten bewundern werden können.

Es ist letztlich eine Plumpsklo-Variante mit folgender Technik: Der Ausscheider kann tatsächlich Platz nehmen auf einem klassischen WC-Topf. In Abwesenheit einer Wasserspülung – was typisch ist für ein Plumpsklo – verschwindet das Exkrement nicht, wie man annehmen möch-te, in einem mit Kalk angereicherten Hohlraum unter dem Kabuff, sondern in einem – hoffentlich widerstandsfähigen – schwarzen Plastiksack. Unnö-tig zu erwähnen, dass steigende Temperaturen die weiträumige Verteilung auch beim besten Willen nicht zu vermeidender Geruchsmoleküle höchst günstig beeinflussen.

Und somit befindet sich der gemeine Wanderer in einem Dilemma: Soll er den schwarzen Sack in einer dichten, nicht geruchsneutralen Atmosphäre weiter befüllen oder sich in die wilde weite Natur begeben? Bei Letzterem sei vorausgesetzt, dass ein gewisser Mindestabstand zur Hütte und eine angemessene rückstandsfreie Beerdigung der Hinterlassenschaft eingehal-ten wird.

Die nächste Frage richtet sich nach dem weiteren Prozedere, wenn der Füllstand des Blacky sein Maximum erreicht hat. Dieses Problem ist per angeschlagenem Zettel auf einfache Weise wunderbar gelöst. Ist der Sack voll, soll man ihn gegen einen neuen, leeren austauschen und dabei der auf dem Zettel beschriebenen Vorgehensweise folgen. Das unbestimmte „man" in der Aufforderung richtet sich dabei an jeden, der sich dazu berufen fühlt, diesen Scheißjob zu erledigen.

Die vollen und nach detaillierter Anleitung zu verschließenden Säcke werden in einem Holzverschlag außen an einer Hüttenwand deponiert und irgendwann von der Gemeinde Qeqqata abgeholt. Nach Anzahl der deponierten Säcke und der Berücksichtigung eines gewissen Pragmatismus tippe ich auf Winter. Denn dann wird es kalt und der Sackinhalt hart und ohne Nasenklammer handhabbar sein.

 **Innajuattoq II**

Position: N6703392 – W5237688
2 große Räume: 1 Schlafraum; 1 Koch-Ess-Raum
1 Kabuff mit Plumpstoilette
Liegeplätze: 12 – 10 im Schlafraum, 2 im Koch-Ess-Raum

Bei Besichtigung des Schlafraums schleudere ich lässig mein Mützchen auf die untere Matratze des ersten Bettgestells.
„Ich lieg unten!" *Und brauche nicht zu klettern,* füge ich in Gedanken hinzu. Dem Sohn ist es wurscht, da er eh die freie Auswahl hat und liegt das untere Nachbarbett probe. Damit ist alles geklärt und wir ziehen ein.

Heute ist Sonntag, das heißt Badetag in Grönland. Und wenn man mehr als 15 km hinter sich gebracht hat erst recht. Da alle Bedingungen erfüllt sind, erkunden wir den Lauf des Seeabflusses, der nur 50 m von der Hütte entfernt den nächsten kleineren See bewässert. In einer Kurve, kurz hinter einer kleinen Stromschnelle, ist er besonders tief: gute 2 ½ bis 3 m. Strömung ist vorhanden, aber nicht zu stark. Im Hochsommer ein perfekter Pool, in dem man sogar zwei, drei Schwimmzüge machen könnte. Aber jetzt, bei niedrigeren Temperaturen, bedeutet tiefes Wasser auch recht kaltes Wasser. Nur wenige Meter weiter strömt der Fluss in einer leichten Linkskurve so an unserer, der rechten Uferseite vorbei, dass ein 30-40 cm seichtes, strömungsfreies Stück zum Bade lädt. Sehr zuvorkommend hat der große Landschaftsarchitekt Natur genau hier eine große, flache Steinplatte drapiert, die bereitwillig die mitgeführte Badeausrüstung aufnimmt. Die Kleidung wird so auf dem Boden angeordnet, dass nach dem Abtrocknen kein Wärmeverlust durch verzögertes Wiederankleiden entsteht. Handtuch, Neutralseife und Berghaferl finden in Armeslänge entfernt auf der Steinplatte Platz.

Dann geht's los. Das Wasser ist zwar kalt, aber die geringe Strömung und Wassertiefe führt zu einer entspannten Badeeinheit in einem der schönsten Badezimmer der Welt: die niedrigstehende Sonne beleuchtet ein mäandrierendes Band kaltstahlblauen Wassers im kargen Gelände vor imposanter Bergkulisse im Hintergrund. Ein permanentes, sanftes Plätschern und Gurgeln dringt ins Ohr und verweilt darin, bis heftiges Gepruste und Geschnaufe und geräuschvoll hechelndes Atmen, hervorgerufen durch über den kompletten kälteempfindlichen Rücken zusammenschlagendes Eiswasser, die kühle Luft erfüllt. Herz, was willst du mehr?

Derartig erfrischt an Leib und Seele wenden wir uns dem nächsten großen Kapitel des Tages zu: dem Abendbrot. Die verdiente Vesper nach diesem langen Tag besteht aus hoch mit Kartoffelpü und Salamiwürfelchen gefüllten Berghaferln. Den Abschluss bilden Reste der heutigen Tagesration aus Müsliriegeln und Panzerplatten. Die heutige Schokoladenration wurde leider schon unterwegs vernichtet.

Da wir die einzigen Bewohner der Hütte sind, genießen wir die volle Freiheit und lümmeln uns mal hierhin mal dorthin; verbringen eine Zeit lang damit, Tagebucheinträge zu machen oder studieren auf der Wanderkarte den nächsten Streckenabschnitt. Es ist etwa 21h und schon sehr dämmerig, als wir uns anschicken, in die Schlafsäcke zu kriechen.

Doch mit einem Mal, von jetzt auf gleich, kommt vor der Hütte erhebliches Stimmengewirr auf. Eine geführte Wandergruppe – 9 Teilnehmer plus 2 Führer – trudelt aus der Gegenrichtung ein. Was für ein Chaos. Aus ist's mit Ruhe und Beschaulichkeit. Eine drahtige, ältere Lady strömt in den Vorraum der Hütte und beschallt sie erfolgreich aus einem Mini-

Lautsprecher an ihrem Rucksack mit finnischen Metal-Punk. Dieses – wie sich später herausstellt – mit 70 Jahren älteste Gruppenmitglied putscht sich offenbar mit diesen ohrenbetäubenden Dissonanzen auf. Die Dame lehnt jegliche Hilfe von ihrer Gruppe ab und will ums Verrecken alles selbst machen. Das führt letztlich dazu, dass sie und die Guides draußen in Zelten schlafen. Der Rest verteilt sich auf die Etagenbetten. Damit sind alle Betten im Schlafraum belegt.

Das Durchschnittsalter in der Gruppe liegt zwischen Ende 50 und Anfang 60. Eine der „jüngeren" Frauen bittet uns, ob wir nicht die oberen Betten benutzen könnten, da einige der Alten und Gebrechlichen Probleme hätten, die oberen Matratzen zu erreichen. Das machen wir jungen Spunde natürlich, ziehen ruckzuck mit den paar Sachen in die obere Etage und gehen der Kohorte erstmal aus dem Weg; will heißen, wir legen uns vorerst nieder und harren der Dinge, die da kommen mögen.

Und das ist zunächst die Essenszubereitung. Dezibelmäßig muss es sich um die historische Speisung der Fünftausend handeln. Man stelle sich einen etwa 25-30 qm großen Raum vor, in dem aus diversen übergroßen Cordura-Futteralen eine Batterie Lebensmittelzubereitungsmaschinen zutage gefördert wird. Deren Einzelteile werden mit wenigen geübten Handgriffen montiert und mit ohrenbetäubender Geräuschkulisse in Betrieb genommen - dem Fauchen eines nur wenige Schritte entfernten Düsenjets nicht unähnlich. Fünf Trangia-Sturmkocher der Gasvariante brüllen in dem kleinen Raum um die Wette. Aber irgendwann sind alle Nudeln heiß und alle Tees gekocht. Zum Schluss auch unsere eigenen. Damit setzen wir uns zu der – vermutlich – Dänin, die uns um unsere Umbettung angesucht hatte. Wir erfahren, dass die Gruppe in dieser Zusammensetzung schon andere Fahrten unternommen hat, zum Beispiel nach Spitzbergen.

Weit nach 22 Uhr trudeln noch ein Gruppenmitglied und einer der begleitenden Guides ein. Eine ältere Frau hat massive Probleme mit einem Fuß, den sie nach einer OP wohl zu früh wieder belastet hat. Der ist jetzt so angeschwollen, dass er in keinen Schuh mehr hinein passt. Darum hat sie ersatzweise eine Plastiktüte statt eines Schuhs um den Fuß herumgewickelt und eiert damit durch die Gegend. Natürlich bläst man für sie nochmal eine der privaten Kleinfeuerungsanlagen für eine warme Mahlzeit an.

So nach und nach greift Müdigkeit nachhaltig um sich und bald hat sich jeder in seinen Schlafsack eingerollt. So eine Nacht in einem großen, vollbesetzten Schlafraum ist sehr gewöhnungsbedürftig; zum einen bewegt man sich selbst nicht so wie man gerne möchte, weil die Nylon-Außenhäute der Schlafsäcke und Isomatten eben immer Geräusche verursachen, wenn man dauernd hin- und herrutscht, zum anderen nimmt man auch die Geräusche all der anderen Leute wahr. Dazu kommt die Kakophonie der individuellen Schnarch- und Atemgeräusche, die gefühlt dem Bolero gleich in einem Crescendo gipfeln. Entspannt schlafen ist anders. Hätten wir vorher von dieser Horde gewusst, hätten wir lieber das Zelt aufgebaut.

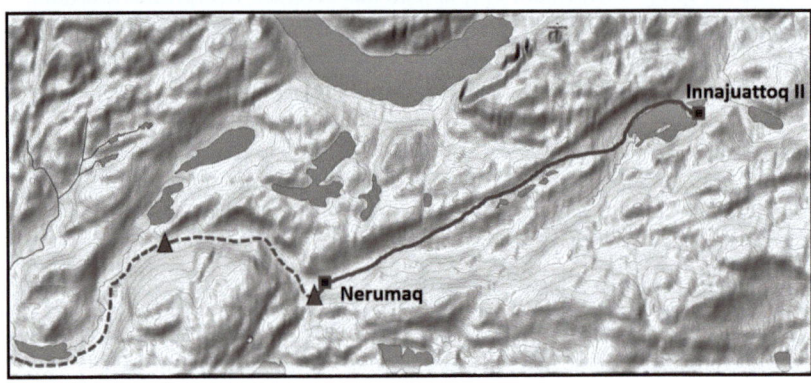

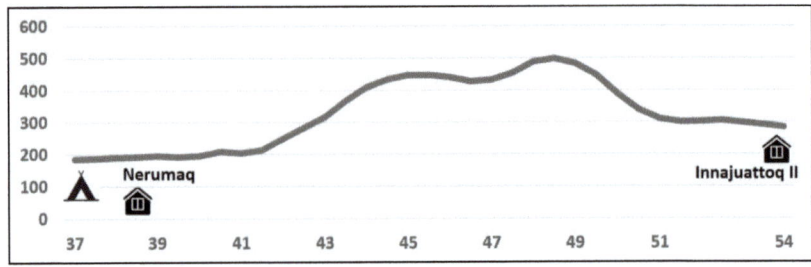

Höhenprofil dieser 17-km-Etappe

Arctic Circle Trail

Innajuattoq II-Hütte bis schöner(?) Zeltplatz

| Franziska | der Falke | Taseqqat Saqqaa | der Kanadier | Zeltplatz-Markierung |

Die Nacht war eher grauenvoll denn erholsam. 10 Menschen à 37° Körpertemperatur im Verein mit geschlossenen Fenstern, haben das Raumklima langsam, aber stetig zu einer quasi schnittfesten Atmosphäre verdichtet. In dem für Minusgrade ausgelegten Schlafsack zu liegen, geht gar nicht; bestenfalls deckt man sich mit dem deckenartig möglichst weit geöffneten Poofbeutel nur leicht zu.

Ich döse mehr vor mich hin als dass ich schlafe. Kurz nach Tagesanbruch hätte ich gute Chancen gehabt, doch noch einzuschlafen, wenn zu diesem Zeitpunkt – verdammt, 5:50 Uhr, kurz nach Mitternacht – nicht der erste von fünf sukzessiv alarmierenden Handy-Weckern angeschlagen hätte.

Nebenan, im Ess- und Kochraum, laufen die Jet-Turbinen wieder warm. Heute Morgen klingt der Gaskocher-Chor noch intensiver als gestern Abend. Emsiges Treiben erfüllt den Vorraum und zieht sich bis etwa 10 h hin. Wir lassen die Truppe gewähren bis schließlich alle am Start sind. Man bricht auf, kommt aber nach 50 m bei der Flussüberquerung sofort wieder etwas ins Stocken. Der eine oder andere findet die richtigen Steine nicht auf Anhieb; aber nach einer guten halben Stunde dann sind doch alle glücklich drüben und setzen ihren Weg am Nordufer des Sees in langgezogener Linie fort.

Wir gehen es gemütlich an. Nach dem obligatorischen Müsli räumen wir erstmal die Hütte auf, beseitigen die letzten Essensreste der Kohorte aus dem Spülbecken und gönnen uns zum Abschluss einen verdienten, heißen Tee. Dazu laden wir Franziska ein, die in dem kleinen Ein-Mann-Zelt im Bereich der Hütte übernachtet hat. (Übrigens ist das ein Nordisk-Zelt wie unseres, nur dass wir ein 3-Mann-Zelt mit uns herumtragen.) Wir unterhalten uns über dies und das, Wandertouren im Allgemeinen und Besonderen und erfahren, dass sie aus dem Erzgebirge kommt und allein unterwegs ist.

In der Zwischenzeit ist ihr Zelt vom Morgentau abgetrocknet. Sie macht sich gelassen daran, ihre Ausrüstung zusammenzupacken und stiefelt dann los in Richtung Sisimiut. Nicht lange danach sind wir dann auch so weit, verschließen die Hüttentür mit dem dafür vorgesehen dicken, weißen Holzriegel und lenken unsere Schritte zunächst auch zum Fluss. Allerdings überqueren wir ihn heute nicht, sondern wollen ihn gleich wieder gerade in Richtung Osten verlassen. Etwa 30 m entfernt, zwischen uns und dem See bemerke ich einen Raubvogel, der offenbar gerade an irgendetwas frisst.

Ich nähere mich ganz langsam und komme bis auf 5m an ihn heran, bevor er auffliegt und sich 20 m weiter wieder niederlässt, um darauf zu warten, dass der Störenfried sich wieder entfernt. Das Opfer des Falken – als solcher vom dem mich begleitenden, geprüften Falkner identifiziert – sieht im wahrsten Wortsinne arg zerrupft aus. Es ist einer dieser gansgroßen Wasservögel, die man häufig hier auf den Seen sieht und hört. Ich ziehe mich wieder zurück. Der Falke wartet sicherheitshalber noch ab, bis wir weit genug weg sind bevor er sich wieder zu Tische begibt.

Nach etwa zwei Kilometern werden wir einen Zipfel des Nerumaq-Bergmassivs umrunden, um wieder in sumpfigen Gefilden einsinken zu dürfen.

Aber bis zur Bergnase ist der Weg ausnahmsweise nicht nur trocken, sondern erfreulich gut zu begehen. Erst dahinter wird es erwartungsgemäß wieder teuflisch nass. Das schmatzende Geräusch beim Heben der Füße begleitet uns unüberhörbar während der kompletten restlichen Etappe auf weitere ca. 10 km, bis wir eine weitere Bergnase, die der nordöstlichste Zipfel des Taseqqat Saqqaa-Massivs ist, erfolgreich umrundet haben werden. Doch bis dahin bleibt der Pfad kräftezehrend und mit Weidenbüschen gespickt.

Die Taseqqat-Nase zwingt uns, um ca. 50 Höhenmeter auf ein Niveau von 300 Höhenmeter hoch zu gehen. Das ist wahrhaftig keine große Sache, aber dieser auslaugende Matsch geht wieder an die Substanz. Ich hätte nicht übel Lust, schon jetzt das Zelt aufbauen, aber der Nachkomme treibt mich gnadenlos an. Keuchend erreiche ich die 300-m-Linie, auf der wir für den Rest des Tages bleiben und quasi mit einem Bein in einem wie üblich namenlosen See wandern werden. Der Weg führt sehr ufernah an diesem See entlang.

Auf dem Scheitelpunkt der Höhe wartet schon jemand auf uns. Ein Kanadier macht dort gerade eine Pause. Das tun wir ihm gleich. Der Bursche, nicht viel älter als Niklas, ist ein sehr angenehmer Zeitgenosse. Und das meine ich nicht nur, weil er uns prompt auf ein Stück kanadische Salami einlädt. Während ich versuche, Teile der Salami, die sich in meinen Zahnzwischenräumen breit machen wollen, eben daran zu hindern, erfahre ich, dass der Kanadier eigentlich im französischen Lille lebt. Während der Unterhaltung lauschen wir gemeinsam den seltsamen Tönen, die in regelmäßigen Abständen zu hören sind und Hundegebell ähneln. Unsere Wegbekanntschaft meint, dass sie von einer bestimmten Wasservogelart produziert werden. Das könnte einer der Sorte sein, die der Falke heute Morgen verputzen wollte als wir ihn dabei gestört haben.

Die Pause tat gut. Als die Mücken wieder auf uns alle einstürmen, werten wir das als das Signal zum Aufbruch. Wir verabschieden uns voneinander und wünschen uns Glück auf allen Wegen. Dann gehen wir in entgegengesetzten Richtungen auseinander.

Die gewonnene Höhe mindert leider weder Matsch noch Weiden. Aus derartig schicksalhaften Situationen werden mitunter Worte geboren, auf welche die Welt gewartet hat. So zum Beispiel: „Willst du wirklich wenig leiden, lerne Weiden meiden!" Einfach grandios, was der Filius da mitunter raushaut.

Das Südende des Sees endet in einer Art Landbrücke zwischen diesem und mehreren weiteren kleineren Seen. Der südlichste dieses Seenkonglomerats besitzt ein kleines Landzüngelchen, dem die Karte ein rotes Dreieck zuweist: das Symbol für „schöner Zeltplatz". Darauf halten wir zu; in freudiger Erwartung eines ebenen Zeltgrundes mit famoser Aussicht auf den See.

Alles Lüge! Die kleine Landzunge entpuppt sich als knubbeliger Monolith, das schmale sandige Seeufer ist zu feucht und eben zu schmal, das Gelände zwischen See und dem etwa 100 m abseits verlaufenden Pfad besteht weithin ausnahmslos aus waden- bis kniehohen, wacholderbewachsenen Erdbuckeln, durchzogen mit fußbreiten Rinnen. Jenseits des Pfades erheben sich die Ausläufer des Taseqqat Saqqaa-Massivs.

Nach einer halben Stunde wählen wir aus allen Übeln das kleinste und errichten unseren Polyesterdom einen halben Meter neben dem Pfad. Auf dem einzigen halbwegs glatten Stückchen Bodens weit und breit.

Es sprechen Indizien dafür, dass wir nicht die ersten auf diesem Zeltgrund sind. Keine 50 m entfernt thront ein übermannshoher Felsen in der Landschaft, wohlgeeignet, dem Wanderer bei der Darmentleerung eine hilfreiche Stütze zu sein. Genau das fanden diverse Vorgänger auch, und damit auch wirklich dem letzten Begriffsstutzigen die diesem schönen Kackstein innewohnende Funktion gewahr wird, haben pfiffige Stuhlgänger einen Bannkreis aus benutztem Klopapier um den Felsen ausgelegt. Idiotenpack!

Der Zeltaufbau findet in geübter Routine statt. Beim Einräumen erwähnt Niklas, dass er in den ersten Nächten in seinem Schlafsack doch etwas gefroren habe. Obwohl er genau diesen auch in Lappland ohne Probleme benutzt hatte, scheint das Ding mittlerweile nicht mehr dienstfähig zu sein. Ich schlage ihm vor, regelmäßig die Schlafsäcke zu tauschen und will heute damit beginnen.

Nach einer herzhaften Portion Schinkennudeln, verfeinert mit fein gewürfelter Billig-Salami, ist dann auch Zapfenstreich. Aber nicht, bevor wir nicht mit einem Stückchen Schokolade auf meines Kollegen Lutz Geburtstag angestoßen haben. Es findet sich immer eine Rechtfertigung für eine Extra-Schoki. Danach bin ich für meinen Teil froh, mich endlich horizontal ausstrecken zu können.

Die Nacht ist sternenklar und folglich kühlt es sich merklich ab. Es wird immer kälter und ungemütlicher in dem getauschten Schlafsack. Ich ziehe mir eine Pelle nach der anderen über, was aber nur bedingt Abhilfe schafft. Richtiger Schlaf kommt da nicht auf.

Umso unangenehmer ist es, wenn dich der Harndrang nach gefühlten Stunden hartnäckigen Verzögerns schließlich doch aus dem Sack ins Freie treibt. Der einzige Lichtblick(!) während der Verrichtung ist der Vollmond, der prall und unübersehbar am Nachthimmel prangt. Aber leider gibt es auch heute – wie in den Nächten zuvor – kein Nordlicht zu bewundern.

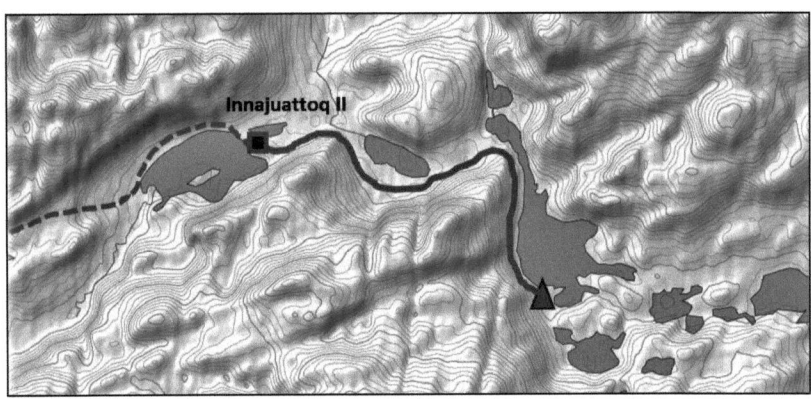

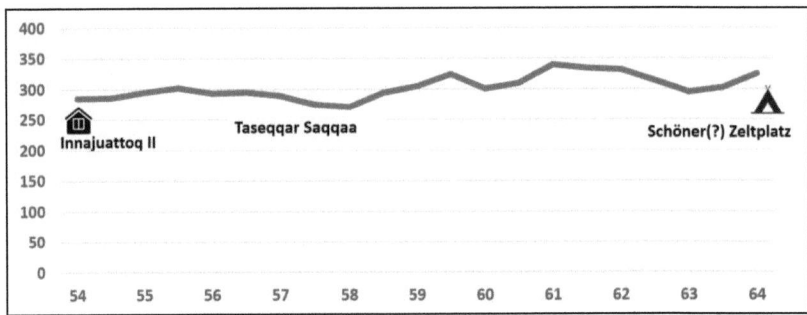

Höhenprofil dieser 10-km-Etappe

Schöner(!) Zeltplatz bis Eqalugaarniarfik-Hütte

| Iluliumanersuup Portornga | Sandstrände | Rentierfüße | Eqalugaar-niarfik-Hütte | kein Wasser | Akulleq-Fjord |

Habe kaum geschlafen in dem unzureichenden Schlafsack. Lasse mich frühstücksmäßig ein wenig von Niklas bedienen. Wir lassen uns Zeit mit allem, so dass wir letztlich erst gegen Mittag starten.

Der Pfad führt direkt am unteren – südlichen – bauchigen Ende des Sees mit der kleinen Landzunge und dem schönen (haha!) Zeltplatz entlang. Nach knapp 2 km bewegen wir uns sodann tangential Richtung Osten weiter. Allerdings nicht ohne unmittelbar ca. 60 Meter in die Höhe zu wandern. Der Aufstieg ist relativ steil und kostet etwas Kraft. Auf diesem neuen Niveau (ca. 420 m) halten wir uns für die nächsten etwa 4 km, wobei immer wieder Wellen im Gelände genommen werden müssen.

Anfangs ist der Weg wirklich gut und angenehm zu begehen. Aber dann versinkt er doch zum großen Teil wieder im Matsch. Dafür gibt es aber eine Menger toller Panoramen: Berge mit und ohne Wolken, die am Gipfel kleben, steinige oder grüne Täler und Seen mit Sandstränden.

Sandstrände

Bei den Sandstränden vermuten wir erst, dass sie eine Folge der Trockenheit sind. Aber ein uns entgegenkommender Wanderer aus dem Süddeutschen, der schon zum siebten Mal den ACT geht, belehrt uns dahingehend, dass es hier tatsächlich immer so aussieht.

Tod in der Tundra

Wollgras

Was auffällig ist, sind die zahlreichen Überreste von Rentieren, die nah am Wegesrand liegen. Oftmals sind es ganze Kadaver und es ist nicht klar, ob es sich hier um Jagdbeute handelt oder um natürlich verendete Tiere. Häufig findet man auch abgetrennte Rentierfüße und vergammelnde Felle. Das sind scheinbar Teile, die der Erleger als nicht wertvoll genug erachtet, durch die Gegend geschleppt zu werden.

Bei einer Pause im Windschatten eines dicken Felsens finden wir gleich alles: Gammelfell, Renfüße und jede Menge Patronenhülsen. Man merkt, dass hierzulande gerne und viel gejagt wird.

Kurz bevor der Pfad in einem rechten Winkel geradewegs nach Süden abknickt, erreichen wir den für heute höchsten Punkt. Danach geht es über etwa 3 km stetig von 400 bis auf etwa 200 m abwärts. Dabei bewegen wir uns parallel zu einem langen Tal, das auf der gegenüberliegenden Ostseite durchgängig von Steilwänden begrenzt ist. Auf diese Weise wird ein 4x4 km kleines, in sich geschlossenes Felsmassiv umrundet, das Iluliumanersuup Portornga.

Gegen Ende der Etappe geraten wir für ein paar hundert Meter auf eine Schotterpiste, die hier endet bzw. beginnt. Reifenspuren verraten: Hier müssen Quads entlanggefahren sein. Wieso ausgerechnet hier eine straßenbreite Schotterpiste existiert, bleibt uns verborgen. Eine mögliche Erklärung ist, dass sie im weiteren Verlauf nach ca. 4 km an den Maligiaq-Fjord anlangt, ein Fortsatz des großen Akulleq-Fjords, der bis zum Meer reicht.

Es ist staubig, sonnig und warm. Es ist nicht ganz klar, ob man weiter der Piste folgen soll. Besser ist, die Karte zu befragen und danach zu entscheiden. Das tun wir auch und in der nächsten Rechtskurve verlassen wir die Piste tangential und marschieren geradeaus weiter durchs Gelände.

Wie sich herausstellt, war das die richtige Entscheidung. Bald schon gerät die Eqalugaarniarfik-Hütte in Sichtweite. Sie liegt am Ende des langen Tals, an dem wir die letzten Kilometer entlanggegangen sind, direkt unterhalb einer nackten, massiven Felswand. Dieses Tal beherbergt einen Fluss, der aus den oberen Seen gespeist wird und später in den Akulleq-Fjord mündet. Fast an derselben Stelle mündet der Fluss Ittineq oder auch: Ole's Lakseelv in den Akulleq-Fjord. Der Ittineq durchquert von Ost nach West das komplette, gut 2 km breite und 9 km lange Ittineq-Tal um ihn herum. Der Talgrund liegt sehr tief und geht im westlichsten Zipfel runter bis auf Meereshöhe. Er ist gesprenkelt von kleinen Seen, Teichen und Tümpeln. Die feuchten Areale, die nicht See oder Ähnliches sind, sind Sumpfgebiete. Und die machen mindestens ein Drittel der Fläche in diesem Tal aus. Es öffnet sich unmittelbar hinter der Hütte. Schon von hier aus hat man einen weiten Blick in Richtung SSW, wo die große Wasserfläche Maligiaq die Aufmerksamkeit auf sich zieht. Das heißt, wir befinden uns hier am inländischen Ende eines etwa 60 km langen Einschnitts in die zerklüftete grönländische Westküste.

ⓘ Eqalugaarniarfik

Position: N6659449 – W5221248
Liegeplätze: 4-6

Kein Frischwasser in direkter Nähe. Mehrere hundert Meter zum nächsten Wasserlauf.

Die Eqalugaarniarfik-Hütte ist sehr klein. Es ist praktisch eine 1-Raum-Hütte mit 3 Schlafplätzen auf einer Plattform und einem Tisch davor. Der einzige weitere Raum ist wieder eine von diesen Plumpsack-Toiletten, deren bereits gefüllte Plastiksäcke auch hier ihre Lagerstätte in einem Sammelverschlag vor der Hütte finden. Direkt an und in der näheren Umgebung der Hütte ist es sicherlich kein Fehler, eine Nasenklammer parat zu haben.

Zur Zeit ist die Hütte von 3 Mädels belegt: Zwei Däninnen und eine Engländerin teilen sich schwesterlich die Liegeplätze. Fast gleichzeitig mit uns trifft die Engländerin ein, die gerade vom Wasserholen kommt. Die Däninnen sind unterwegs zum Blaubeersuchen, erzählt sie uns und wir lernen gleich, dass es hier ums Frischwasser nicht so gut bestellt ist. Man muss schon ein paar hundert Meter laufen bis man an den einzigen Bach in der Umgebung kommt, versteckt in einem mit dichtem Weidengebüsch umstandenen Graben.

Der Himmel ist offen, das Wetter ist gut und mild – perfekt zum Zelten. In Umgebung der Hütte ist der Boden eben und bietet reichlich Möglichkeiten, das Zelt zu errichten. Wir bringen eine ausreichend große, olfaktorisch bedingte Distanz zwischen ausgesuchtem Zeltgrund und Quell der Düfte, die die Hütte umwehen. Es gibt Dinge, die muss man sich nicht antun.

Das Zelt steht binnen weniger Minuten, nicht viel später ist alles eingeräumt und Niklas macht sich auf den Weg zum Bach. Es nimmt dann doch eine Weile in Anspruch bis er mit dem gefüllten Wassersack und zwei vollen Flaschen wieder zurück ist. Das Abendmahl wird hernach in aller Seelenruhe zu sich genommen, genau wie der nachfolgende Tee.

Ich werde heute wieder Niklas Schlafsack nehmen – schließlich obliegt die Fürsorgepflicht für meine Nachkommenschaft nun mal mir. Bin gespannt, was die Nacht so bringt.

Die Abende werden kühler

✐rctic Circle Trail

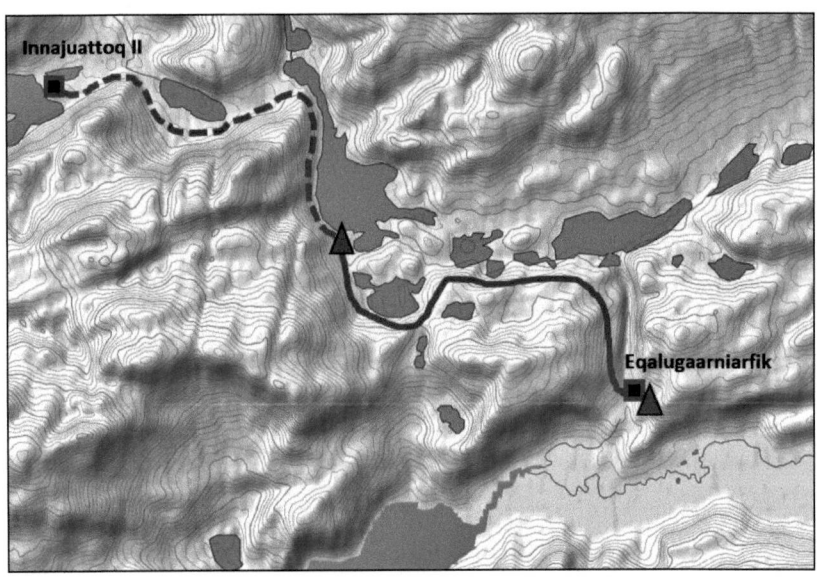

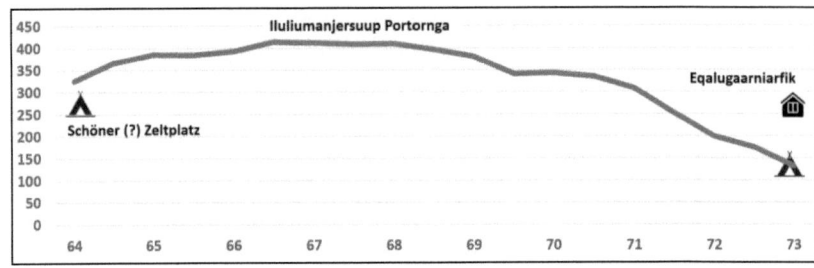

Höhenprofil dieser 9-km-Etappe

Eqalugaarniarfik-Hütte bis hinter Ole's Lakseelv

| Ittineq | Ole's Lakseelv | Brücke? Welche Brücke? | steiler Aufstieg |
| grandioser Zeltplatz |

Die Nacht war nicht so kalt wie die vorherige wegen des bewölkten Himmels – also nix mit sternenklar. Und damit auch (wieder) nix mit Nordlichtern.

Bei dem schönen, trockenen Wetter soll es heute zeitig losgehen – was auch gelingt. Der Pfad führt an der Hütte vorbei. Auf gleicher Höhe mit der Hütte müffelt es gewaltig. Der Klosack-Sammelverschlag muss wohl derbe gefüllt sein.

Der Weg ist gut begehbar – steppenartig und kaum Steine. Ein letzter Blick noch auf den malerischen Fjord in der Ferne, dann geht es langsam noch ein paar Höhenmeter herab bei gleichzeitiger Umrundung einer aufragenden Bergnase in Richtung Osten. Der Pfad bleibt zwar meistens trocken, aber immer wieder unterbrochen von kurzen, sumpfigen Passagen. Die können meistens umgangen werden, aber einmal gibt es nur die Möglichkeit: Augen zu und durch. Die Schuhe machen wirklich einiges mit auf dieser Tour. An Niklas Schuh ist eine der beiden untersten Ösen für den Schnürsenkel herausgerissen; vermutlich wegen der dauerhaften Nässe. Das so entstandene Loch wurde kunstvoll mit einem winzigen, eng gerollten Leukoplast-Streifen verschlossen – dicht!

Der Pfad schlängelt sich durch Wacholder und Weiden durch den östlichsten Teil des Tals bis wir das tiefste Niveau erreicht haben. In diesem Teil sind die wenigsten Tümpel angesiedelt. Hier irgendwo muss der Fluss überquert werden, um in die andere Talhälfte zu gelangen. Im Frühsommer geschieht es häufig, dass die Wassertiefe und -strömung witterungsbedingt erheblich ansteigen. Darum wurde vom Touristenbüro in Sisimiut der Bau einer Brücke über den Ittineq veranlasst. Wenn man aus Richtung Kangerlussuaq wandert, weisen Schilder auf die Brücke hin. Kommt man hingegen aus der Gegenrichtung, dann nicht. Wir haben diese Brücke nie gesehen. Witzigerweise ist es so, dass sämtliche der spärlich verteilten Beschilderungen auf diesem Trail so angebracht sind, dass man sie nur lesen kann, wenn man die Ost-West-Variante (Kangerlussuaq-Sisimiut) läuft. In der Tat laufen wir später tatsächlich an einem Schild vorbei, das auf die Brücke hinweist.

In trockenen Sommern – und bevor es die Brücke gab sowieso – wird dagegen gerne die Furt im Osten des Tals benutzt. Brücke und Furt liegen Luftlinie etwa 3 km auseinander. Aber egal, furten macht eh viel mehr Spaß. Schließlich erreichen wir den Fluss, der mit etwa 6-8 m nicht sehr breit ist. Bei der Suche nach einem geeigneten Übergang bietet das Ufer streckenweise ein klägliches Bild. All überall Reste von Toilettenpapier und Papiertaschentüchern – dieses Uferstück scheint ein einziges Klo zu sein. Aber auch anderer Müll wie z.B. Travel Lunch Tüten liegt hier herum. Es ist mir unbegreiflich, warum man seine Nahrungsverpackung, die man voll hergeschleppt hat, leer und leichter nicht wieder mit zurück nimmt und statt dessen lieber in die Landschaft feuert. Respekt vor der Natur kann ich hier nicht erkennen. Da der sich dem menschlichen Verdauungsprozess anschließende Output in der Regel von fester statt schmieriger Konsistenz ist, werden die von uns benutzten, wenig kontaminierten Feuchttücher in den mitgeführten Sammel-Müllsack gegeben und wieder mitgenommen.

Schließlich gehen wir genau an der Stelle über den Fluss, wo die Rucksäcke vor der Übergangsuche abgestellt wurden. Das Wasser ist hier knietief, das Flussbett erwartungsgemäß steinig, die Strömung mäßig. Also: Schuhe ausgezogen, Watsandalen angelegt und gefurtet.

Wir sind kaum am anderen Ufer angekommen und rubbeln unsere Füße trocken, als ein einsamer Ire aus der Gegenrichtung kommt. Wir empfehlen ihm guten Gewissens diese Stelle für die Wat. Die erledigt er dann auch prompt und zügig und verfolgt seinen Weg weiter zur Eqalugaarniarfik-Hütte.

Zwischen Fluss und Aufstieg aus dem Tal verzeichnet die Karte in großes zusammenhängendes Sumpfgebiet und wir richten uns mental schon auf weitere 2 km Wassertreten ein. Allein, es kommt komplett anders. Die restliche Wegstrecke bis zur talbegrenzenden Bergwand ist fast knochentrocken und total eben. Es folgt unbeschwertes Gehen unter blauem Himmel bei angenehmen Temperaturen und lauem Wind.

Die Südseite des Ittineq-Tals ist begrenzt von teilweise schroffen Steilhängen, die sich abrupt bis auf 300-400 m Höhe aus dem Boden heben. Die zurückzulegende, markierte Strecke hinauf beträgt etwa 1 km, der Höhenunterschied 400 m. Es ist ein verdammt steiles Stück Weg, das hier herauf führt. Aber auch runter ist es keine angenehme Passage, ganz besonders bei Nässe nicht.

Teilweise sind hohe Stufen zu überwinden, bei denen sich der Rucksack als wahrhaftiger Bremsklotz hervortut. Mir wird schnell warm. Auf halber Höhe verlange ich keuchend eine Pause, die mein Filius mir gönnerhaft gewährt. Auf sonnengewärmten Felsen dahingeflegelt, genießen wir einen herrlichen Blick hinunter auf das wie eine Platte zwischen die Berge eingelassene Tal.

Blick zurück ins Ittineq-Tal

Irgendwann raffen wir uns auf, den Rest zu bezwingen. Es wird leider nicht weniger anstrengend. Kurz vor dem höchsten Punkt treffen wir zwei Deutsche, die dankbar sind, endlich nicht mehr die gefühlt einzigen Bekloppten zu sein, die 30 kg pro Kopf durch die Gegend schleppen. Wir schnattern ein wenig und erfahren, dass in direkter Umgebung der nächsten Hütte, der Ikkattooq-Hütte, „viel geschissen wird" und es entsprechend stinken würde. Darum haben sie die Hütte überlaufen und haben ihr Zelt in den Bergen aufgeschlagen. Wir geben ihnen den Rat, auch bei der nächsten Hütte das Zelt besser in weiträumiger Umgebung aufzuschlagen.

Es gibt hier tolle Panoramen auf unzählige Bergseen und wir beschließen, nicht mehr bis in die Nähe der Ikkattooq-Hütte zu laufen. Vor dem letzten Grat rüber ins nächste Tal finden wir einen schönen Platz oberhalb eines kleinen Sees in idyllischer, sonnendurchtränkter Umgebung. Der Blick ist weit und unverbaut. Ein leichter Wind geht. So können die schweißnassen Hemden und Socken – an den Wanderstöcken aufgespannt und aufgespießt – gut trocknen.

Die heute erbrachte Höchstleistung wird durch eine behördlich genehmigte kulinarische Ausschweifung belohnt: Penne Bolo und anschließend Fette Brühe mit Markklößchen.

Grandioser Zeltplatz

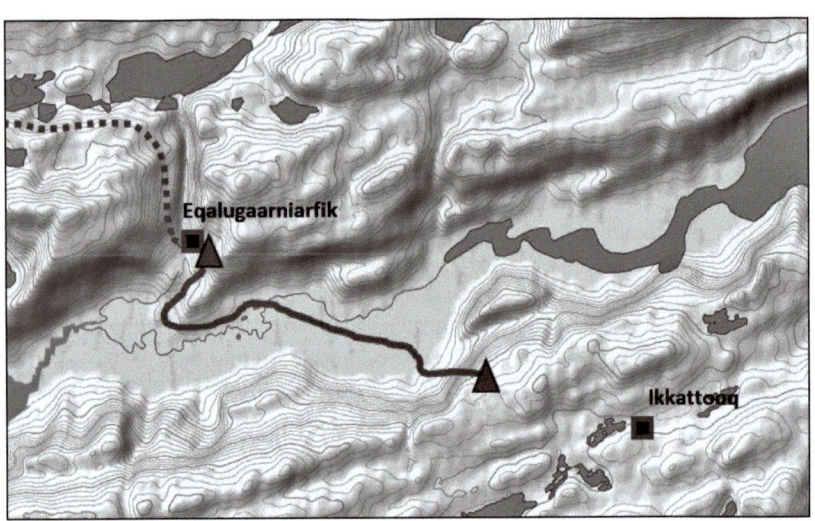

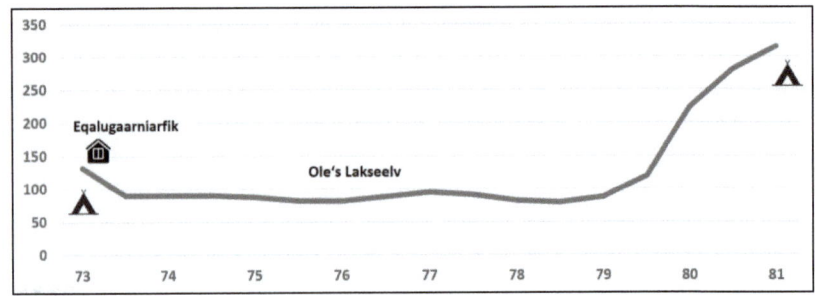

Höhenprofil dieser 8-km-Etappe

Hinter Ole's Lakseelv – Kanucenter

| Ikkattooq-Hütte | Torfbrände | Kangerluatsiarsuaq | Amitsorsuaq |
| TINU | Paddeltour | Kanucenter |

Der Morgen ist kühl, obwohl es in der Nacht zwischendurch recht mild war. Da war es auch bewölkt. Das bekommt jeder mit, der dem Harndrang hinaus ins Freie folgt. Aufkommender Wind hat die Wolken dann vertrieben und die Temperaturen weiter sinken lassen. Ein Nordlicht hat es wieder nicht gegeben.

Das Wetter wird nicht angenehmer; aber noch ist es trocken. Vorsichtshalber ziehen wir den Rucksäcken ihre Kondome über und uns selbst die Regenjacken. Zunächst als reine Prophylaxe.

Das war gut so, denn nach kaum 10 Minuten beginnt leichter Schneeregen ohne Wind. Da wir schon optimal gerüstet sind, können wir einfach weitergehen. Bis zur Ikkattooq-Hütte quälen wir uns mehrfach über den edlen Faltenwurf im Gelände – rauf und runter; immer wieder.

🛈 Ikkattooq

Position: N6658232 - W5210203
Liegeplätze: 4-6

Sehr kleine Hütte

Schließlich stehen wir vor der kleinen Hütte. 4 Kilometer haben wir bis hierher zurückgelegt. Die einsame Hütte bewacht ein etwa 20x6 km großes Hoch"plateau", das zwar einige Erhebungen hat (z.B. Maligissap Qaava oder Oarlissut), aber darüber hinaus zig kleine Seen und Dutzende kleine

Teiche. An dieser Stelle sieht die Karte aus, als wenn dem Kartographen der Füllfederhalter explodiert wäre und lauter kleine blaue Punkte übers Papier verteilt hätte. Die Kartenlegende lehrt, dass jeder dieser Punkte einen Teich bezeichnet.

 Torffeuer

Ende Juli 2017 brach in West-Grönland in der Kommune Qaasuitsup (etwa 250 Kilometer nördlich von Sisimiut) auf der Halbinsel Nassutooq der bislang größte in Grönland registrierte Flächenbrand aus. Davon betroffen waren ca. 10-15 qkm Torflandschaft in einer ehemaligen Permafrostlandschaft.
Die Großkommune Qaasuitsup hat eine Größe von etwa 600.000 Quadratkilometern und umfasst große Teile von Nordwest-Grönland - zählt aber nur etwa 17.200 Einwohner.
Die Ursache des Feuers ist bis heute ungeklärt. Natürliche Auslöser wie Gewitter sind eher selten, menschliche Unachtsamkeit dagegen nicht ausgeschlossen. Vermutlich aber war der ungewöhnlich trockene und heiße Sommer dafür verantwortlich. In der Gegend um Sisimiut hatte es im Juni so gut wie gar nicht geregnet und im Juli nur halb so viel wie sonst. In den letzten Tagen vor dem Ausbruch des Feuers Ende Juli waren die Temperaturen im Westen Grönlands auf plus zwölf Grad geklettert. Das könnte reichen, um durch chemische Prozesse eine spontane Selbstentzündung der trockenen Landschaft auszulösen. Da aber ein zweites, kleineres Feuer an einem Wanderweg entstanden ist, vermuten die Wissenschaftler hier doch Menschen als Verursacher.

Torffeuer sind ein Problem, weil dabei große Mengen des Treibhausgases Kohlendioxid freigesetzt werden. Taut der Permafrost, setzt er Torf frei, also abgestorbenes organisches Material. Es besteht vor allem aus Kohlenstoff. Der reagiert mit dem Luftsauerstoff, und es wird Kohlendioxid freigesetzt. Torffeuer sind sehr schwierig zu löschen, da das Feuer im Boden ständig neue Nahrung findet.
Die Schwelbrände unter der Oberfläche sind schwer zu löschen, und so ist unklar, wie lange solche Feuer andauern.
In diesem Fall setzten nach 2 Wochen glücklicherweise starke Regenfälle ein, die halfen, das Feuer zu löschen.

Für Grönland ist ein solch riesiges Feuer einzigartig. Es hat schon 2001 und 2015 kleinere Torfbrände gegeben, die aber immer nur etwa einen Tag gedauert haben.
*Zu diesem Thema offeriert Wikipedia einen Pressespiegel. Gebt auf **Wikipedia.de** den Suchbegriff: „portal:grönland" ein und wählt aus der Treffer-Liste:*
Portal:Grönland/Pressespiegel/August 2017

Die Umgebung rund um die Hütte ist düster, nicht nur wegen des feuchten Wetters. Hier haben im letzten Jahr Torfbrände gewütet, die sich unterirdisch ausbreiten können. Der Boden ist hier grundsätzlich steinig, aber es war auch niedriger Bewuchs wie z.B. Wacholder vorhanden. Zwischen den Felsen ist immer noch fast alles schwarz verkohlt. Das sieht schon traurig aus und man sollte sich nicht überlegen, wo und wie man ein offenes Feuer anlegt, <u>sondern ob überhaupt</u>. Notwendig ist es in keinem Falle – mal abgesehen vom kaum vorhandenen Brennmaterial.

Der verbrannte Boden bietet keinen schönen Anblick und legt sich aufs Gemüt. Dabei wird mir wieder bewusst wie empfindlich die Natur in diesen Breitengraden ist.

Folgen des Brandes in 2017

Es wäre vermessen und im höchsten Maße an der Wahrheit vorbei, wollte man die Atmosphäre der Außenanlage der Hütte als angenehm oder gemütlich bezeichnen. Leider finden wir die Beschreibung der beiden Deutschen, die wir gestern trafen, voll bestätigt. In einer Erdfalte keine 15 m neben der Hütte befindet sich etwas, was wir hierzulande als „wilde Müllkippe" bezeichnen. Von den Hinterlassenschaften, hervorgerufen durch menschliche darmperistaltische Aktivitäten, breiten wir lieber den Mantel des Schweigens.

Die Witterung ist ungemütlicher geworden. Leichter Nieselregen verleiht allem und jedem eine glänzende Oberfläche. Wir halten uns nur für die Dauer der Vertilgung eines halben Müsliriegels hier auf.

Im weiteren Verlauf zieht sich der Pfad über steinige 5 km kaum merklich bergan. Dann stehen wir am Rande des Seen-Plateaus und blicken von der 300-m-Höhenmarke auf den großen, langgezogenen See Tasersuaq. An dieser Stelle hatte ich ursprünglich ein Etappenende geplant und schon in die Karte eingezeichnet. Da das Wetter sich weiter verschlechtert hat und noch genügend Kraftreserven vorhanden sind, ignorieren wir die Planung und marschieren weiter. Der Tasersuaq ist über 30 km lang und ziemlich gleichförmig zwischen ein und zwei km breit. Wie ein dicker Wurm schlängelt er sich von Ost nach West auf einer Höhe von nur 40 m durch die bergige Landschaft. Nur an einer Stelle besitzt er eine Ausstülpung – an seinem Südufer – die wie ein 2x3 km großes Geschwür quasi einen eigenständigen kleinen See bildet, nur durch eine schmale Wassergasse mit dem Muttersee verbunden. Er hat auch einen eigenen Namen: Kangerluatsiarsuaq. An seinem kompletten Südufer müssen wir vorbei und dann nach Südsüdost durch ein relativ weites Tal abschwenken, um zum nächsten großen See, den Amitsorsuaq, zu gelangen.

Kangerluatsiarsuaq

Es geht gemäßigt über gut bewachsenen Boden bergab, vielfach wieder mit sumpfigen Passagen. Wacholder- und Weidenbüsche laden Regenwasser auf unsere Hosen ab. Wir haben leider keine Gamaschen angelegt, aber auch keine Lust, sie aus den regengeschützt verpackten Rücksäcken zu fischen. Die Hosen sind jetzt eh nass, da ist es auch schon egal. Der Regen nimmt weiter zu und eisiger Wind gesellt sich dazu. Der Himmel ist wolkenverhangen. Das Wetter wird sich heute vermutlich nicht mehr ändern.

Wir erreichen den Kangerluatsiarsuaq und pausieren an einer sanft langgeschwungenen Bucht mit feinkörnigem Sandstrand. Wenn das Wetter ein anderes wäre, könnte man sich irgendwo im sonnigen Süden wähnen. Aber wer will da schon hin?!

An beiden Enden der Bucht prangen rote Dreiecke auf der Karte. Wie wir gelernt haben, werden damit schöne(!) Zeltmöglichkeiten markiert. In diesem Fall stimmt das sogar, zumindest für das Buchtende, an dem wir uns befinden. Da es aber wenig prickelnd ist, bei diesen Gegebenheiten das Zelt aufzubauen, entscheiden wir uns nach eingängiger, nur wenige Sekunden dauernder Beratung dafür, die Option „Kanucenter" zu nutzen. Das Kanucenter befindet sich am Ufer des Amitsorsuaq. Mit diesem neuen Ziel verlängert sich die heute zurückzulegende Strecke auf gut 22 km. Für unseren persönlichen Planungshintergrund bedeutet das schon fast eine Dreifachetappe, legt man die ursprüngliche Planung zugrunde.

Bucht und Strand des Kangerluatsiarsuaq

Unterm Strich bedeutet das, dass wir momentan etwas mehr als die Hälfte zurückgelegt haben. Also frisch voran. Der kalte Wind verkürzt die Pausenzeit automatisch.

Von der Bucht aus verlassen wir den kleinen See und folgen dem markierten ACT durch das Tal, das ihn mit dem Amitsorsuaq verbindet. Der Talgrund weist durch den darin befindlichen Fluss wieder ausgedehnte Sumpfpassagen aus. Der Rest der Strecke zieht sich dann ein wenig. Doch dann stehen wir endlich am steinigen Ufer des Amitsorsuaq, am äußersten, westlichsten wurmfortsatzartigen Zipfel des Sees. Der ACT verläuft von hier aus direkt am kompletten Südufer des Sees entlang – für 25 km. Die vom Wind bewegte Wasserfläche plätschert über die zahlreich vorhandenen Felsen. Und es liegt sogar ein Kanu direkt greifbar vor uns. Mein abenteuerlustiger Sohn sitzt gedanklich schon drin, aber ich bin zurückhaltend und melde Bedenken wegen des Windes, der Wellen und unserer fehlenden Fahrpraxis an. Der Sohn lässt sich breitschlagen und so lassen wir das Boot liegen, wo es liegt und begeben uns wieder auf den Pfad, einen Pfad übelster Ausprägung. Auch hier begegnen uns verbrannte Flächen. Der Pfad schlängelt sich zwischen relativ großen Felsen in einem ewigen Auf und Ab hindurch. Entspanntes Gehen ist anders. Ich nehme meine Füße kaum noch als solche wahr, sondern mehr als püriertes Tartar. Mehr oder minder laute Flüche schallen aufs bewegte Wasser. Es ist kaum auszumachen, von wem sie stammen.

Nach 1-2 km entdeckt Niklas ein weiteres Kanu am Ufer.

„Du kannst machen, was du willst. Ich nehme das Boot!".

Renitentes, dem Alter gegenüber respektloses Jungvolk.

Von hier aus sind es mindestens noch 4 km über Land bis zum Kanucenter und es steht zu befürchten, dass die Wegqualität gleichbleibend mies sein wird. Ich komme nicht umhin, dem Vorschlag meines Sohnes zu folgen. Der Lümmel hat ja recht!

Wir entern die TINU

Das Kanu ist ein schnittiges Aluminium-Gefährt mit einigen Dellen hier und da und trägt den Namen TINU. Es liegt kieloben am Ufer und beherbergt unter sich Paddel und Schwimmwesten. Ob die betagten Schwimmwesten im Bedarfsfall tatsächlich etwas taugen, ist schwer zu sagen. Auch die Paddel sind ein Thema für sich. An dem einen hat man am oberen Ende eine *eckige* Latte apollo13-mäßig ans *runde* Alurohr angeflanscht und die Verbindung mit reichlich Panzerband angereichert. Das andere hat eine so winzige Schaufelfläche, dass nur die bloße Hand weniger Vortrieb erzeugen würde. Aber naja: besser schlecht gefahren, als gut gelaufen! Zur Gewissensberuhigung legen wir die antiken Schwimmwesten an und befördern das Kanu ins Wasser. Das Ablegen bereitet keine Probleme und nach den ersten Paddelschlägen habe ich tatsächlich das Gefühl, wir könnten unser Ziel erreichen. Der Wind gereicht uns jetzt zum Vorteil: Mit Rückenwind benötigen wir nur wenig Muskelkraft, um das Boot voranzutreiben. Wir müssen nur aufpassen, dass wir uns nicht quer zum Wellengang stellen.

ⓘ Kanucenter

Position: N6655178 – W5144534
Liegeplätze: 21 Betten plus reichlich Platz auf dem Fußboden

Das Kanucenter ist die größte Hütte entlang des ACT. Irgendjemand hatte wohl die Idee, an diesem schönen Amitsorsuaq-See einen Bootsverleih aufzumachen. An und für sich zunächst nicht die schlechteste Idee. Blöd nur, dass kaum jemand bereit ist, für eine kleine Paddeltour auf dem Amitsorsuaq mindestens 4 Tage zur Anreise von Kangerlussuaq zum Kanucenter in Kauf zu nehmen. Merkwürdigerweise scheint sich das nicht gerechnet zu haben und so ist der Standort inklusive aller unbeweglichen und beweglichen Anlagegüter aufgegeben worden. Also auch die Boote, die nunmehr zur freien Verfügung stehen, mit der einzigen Auflage, dass sie nach Benutzung am Südufer des Sees zurückgelassen werden müssen, wo der ACT verläuft.

Es gibt hier Betten für 21 Leute und viele weitere Schlafplätze für Isomatten auf dem Boden. Außerdem findet man auch hier eine dieser Plastiksack-Toiletten. Inzwischen obliegt die Wartung dieser Hütte (und der übrigen) der Qeqqata Kommune, die auch für den ACT zuständig ist.

Die Strecke übers Wasser ist natürlich kürzer als über Land, aber es sind immer noch ca. 3 km bis zum Kanucenter. Die Aktion funktioniert sehr viel besser als ich erwartet hatte. Gerade hinsichtlich des heutigen Erschöpfungsgrades bei uns beiden, entpuppt sich dieses letzte Etappenstück als ein vergleichsweise erholsames. Dank des günstig wehenden Windes können wir uns praktisch treiben lassen. Und wirklich dauert es nicht lange bis wir das Kanucenter erreicht haben.

Wir ziehen die TINU ans Ufer, drehen sie mit dem Kiel nach oben und legen Paddel und Schwimmwesten regengeschützt darunter. Dann sind es nur noch 50 m bis zu der großen Hütte.

Dass wir entgegen der allgemeinen Richtung laufen, gereicht uns beim Paddeln in der Weise zum Vorteil, dass wir eine vielfach größere Chance haben, auf ein herrenloses Kanu zu stoßen, als wenn wir mit dem Strom wanderten. Dann müsste man sich vermutlich um ein Boot prügeln. Aber so paddelt alles vom Ostende des Sees zum Westende und lässt die Kanus dort zurück, wo die Kräfte nachlassen. Wir brauchen quasi nur „einzusammeln". Darum haben wir auch in sehr kurzen Abständen zwei Boote vorgefunden.

Mittlerweile ist der Regen stärker geworden und nach dem anstrengenden Tag sind wir froh, nur noch das Schlafzeug auspacken zu müssen und bequem an einem Tisch sitzend etwas Warmes in uns hineinschaufeln zu können. Es sind auch schon ein paar Gäste zugegen, die die Neuankömmlinge neugierig betrachten: ein älteres englisches Pärchen, Magda (eine Solo-Wanderin) und 2 belgische Jungs. Ein junges, holländisches Pärchen betritt erst später diese Bühne.

Im Kanucenter gibt es zwei Schlafräume und ein sehr großes Küchen-Aufenthalts-Areal. Darüber hinaus auch eine dieser Plastiksack-Toiletten. Dass eine solche vorhanden ist, registriert der Gesichtserker unmittelbar, wenn man die Hütte betritt. Das haben die Skandinavier besser im Griff. Wir wählen eines der wirklich zahlreichen Etagenbetten und richten uns für heute Abend häuslich ein. Kalter Wind lässt die Regentropfen an die Fenster klatschen. Es ist nicht wirklich gemütlich – weder draußen noch drinnen. Hier gibt es zwar auch einen dieser ominösen Ölöfen, aber so recht traut sich niemand daran. Immerhin sitzt man hier trotz allem trocken und aufrecht, während das Berghaferl mit den heißen Nudeln darin beidhändig umklammert wird. Man kommt an einem der großen Tische zusammen und tauscht sich aus. Wer wohin geht und woher kommt, welche Erfahrungen man hier oder auch anderswo auf Wanderungen gemacht hat, und so weiter und so fort. Nicht alle wollen dem markierten ACT folgen; die einen sind von der Katiffik-Hütte gekommen und wollen zu dem südlich vom Kanucenter liegenden See Qeqertalaap Tasia wandern. Der See ist nur gut zwei Kilometer entfernt und ca. 50 qkm groß. Mittendrin liegt eine relativ große Insel. Rund um den See sind auf der Karte 5 rote Dreiecke verteilt. Abseits des ACT gibt es Natur reichlich, in die man sich ergehen kann.

Auf der Karte ist auch ein Pfad am Nordufer des Amitsorsuaq verzeichnet. Der führt nur im ersten Drittel (vom Westende aus gesehen) direkt am Wasser entlang. Bei den übrigen zwei Dritteln müssen regelmäßig Steilwände umgangen werden, die oft direkt ins Wasser abfallen.

Mit den beiden Belgiern tauschen wir Erfahrungen hinsichtlich der Ausrüstung aus, vornehmlich geht es um Fjällräven-Hosen und -rucksäcke. Mit dem jungen holländischen Pärchen reden wir über dies und das, während die warme Nudelsuppe im Berghaferl die umklammernden Hände wärmt.

Satt, zufrieden und wohlig erschöpft von unserer 26-km-Etappe begeben wir uns dann auch zur Ruhe. Ich bin schon ein bißchen stolz, dass meine alten Knochen das mitgemacht haben. Allein mit diesem Gewaltmarsch haben wir den Saldo auf unserem Zeitkonto schon fast aus dem roten Bereich gebracht. Jetzt sollten wir es rechtzeitig zu der gebuchten Gletschertour schaffen. Aber sind es noch immer 60 km (inklusive Straße) bis Kangerlussuaq, für die wir 4 Tage Zeit haben.

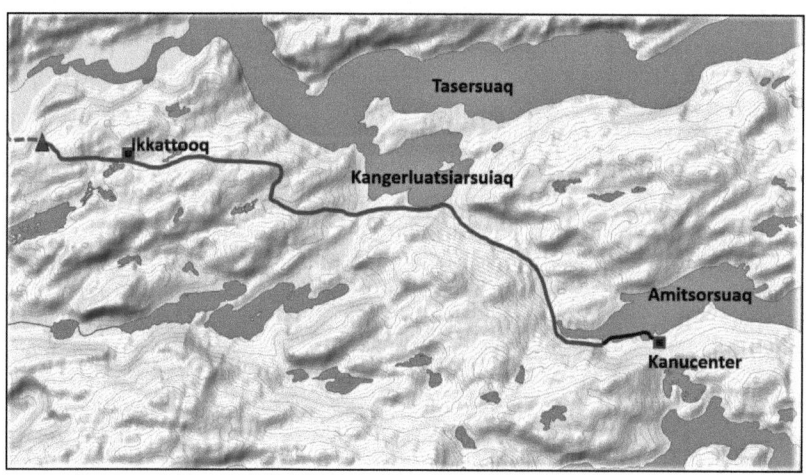

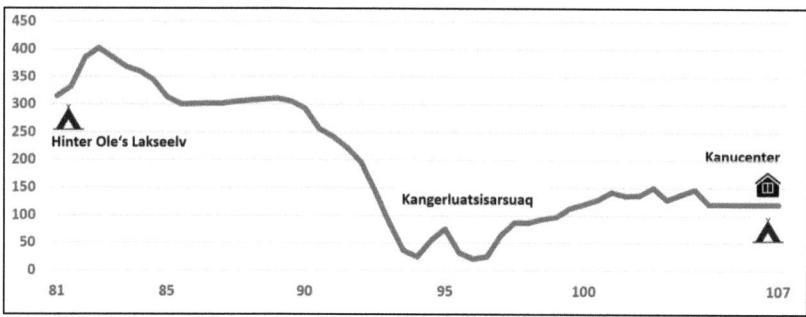

Höhenprofil dieser 26-km-Etappe

Kanucenter bis Katiffik-Hütte

| *Jeder denkt an sich, nur ich denk an mich | nochmal die TINU |
| große Paddeltour | Landgang | Katiffik-Hütte | die Amis | Jimmy |

Die Nacht war hart im wahrsten Wortsinne. Es war blöd, aus dem reichhaltigen Fundus keine doppelte Matratzenschicht zu nutzen. Einzeln sind die Dinger einfach durch- und plattgelegen, sodass die simplen Holzbretter darunter permanent auf die Knochen drückten. Aber dafür haben wir wenigstens trocken gelegen. In der Nacht hat es wieder geregnet und auch jetzt ist der Himmel noch grau.

In der Hütte herrscht Aufbruchstimmung. Während alle ohne Eile ihr Hab und Gut wieder zurück in die knautschfähigen Reisekoffer quetschen, reißt der Himmel doch noch auf. Das Wolkenbild verspricht dauerhaft gutes Wetter für diesen Tag.

Nach dem obligatorischen Müsli-Frühstück wird die Hütte gerade gerückt. Unter dem einen Fenster befindet sich eine lange Küchenzeile, vor der der Boden ziemlich feucht ist. An einigen Stellen wird das Sonnenlicht in Wasserlachen gespiegelt, die ursächlich aus dem Unterschrank unter dem Spülbecken gespeist werden müssen. Wischmop und Eimer stehen dekorativ direkt neben der Küchenzeile. Nachdem die meisten Kurzzeitmitbewohner mit großen Schritten die Lachen überbrückt, die Putzgeräte erfolgreich ignoriert und diese gastfreundliche Stätte final verlassen haben (siehe dazu * ganz oben), nehmen wir uns der Sache an. Zusammen mit den Holländern bilden wir eine Putzkolonne, feudeln die Bude gründlich durch und stellen dabei fest, woher das ganze Wasser wirklich gekommen ist. Im Schrank unter der Spüle befindet sich ein 60-Liter-Kunststofftrog, der das Spülwasser aufnimmt, das per Kanister oder wie auch immer aus dem See beigebracht werden muss. Und dieser Trog ist, entgegen aller Naturgesetze, irgendwann tatsächlich auch mal voll. In diesem Zustand muss er sich schon ein paar Tage lang befunden haben. Immer wenn das Spülbecken benutzt wurde, ist der Trog natürlich übergelaufen und das Wasser hat sich seinen Weg aus dem Schrank über den Fußboden gesucht.

Der Holländer und Niklas wuchten das Ding vorsichtig, ohne Überschwappen, nach draußen und entlassen den guten Zentner organisch angereicherten Wassers nahebei direkt in die wiesenhafte Natur. Niklas macht einen entsprechenden Hinweiszettel für nachfolgende Küchenbenutzer und klebt ihn mit einem Stück Panzerband ans Fenster über der Spüle.

Nicht so geniale Spülwasser-Lösung

Wir bereiten uns auf die Kanutour vor. Das Wetter wird immer besser. Es geht ein leichter Wind und die Kinder des Glücks werden wieder Rückenwind haben. Das sind hervorragende Aussichten für unser Vorhaben. Schließlich wollen wir es bis zum Ende des Sees schaffen und die lange Etappe statt über 20 km direkt am Ufer entlang auf diese Weise bequemer und vor allem schneller zurücklegen. So können wir einen ganzen Tag aufholen, um sicher zu gehen, den gebuchten Ice-Cap-Termin am 4. September auch wahrnehmen zu können.

Die beiden Deutschen, die wir gestern getroffen hatten, erzählten, dass sie auch versucht hatten, den See zu befahren. Leider hatten sie Gegenwind und nach 2 Stunden und erheblichen Kraftaufwands ohne nennenswerten Streckengewinn hatten sie dann aufgegeben. Dagegen stehen die Zeichen für uns jetzt günstig.

Der Amitsorsuaq ist etwa 2 km breit und über 20 km lang. Das ist eine große Wasserfläche, die auch bei geringem Wind in Bewegung gerät. Da wir nicht die geübten Kanuten sind und die Bordmittel weder den internationalen Wettkampfregeln noch der Genfer Konvention entsprechen, muss zumindest theoretisch in Betracht gezogen werden, dass wir fachgerecht kentern können. Deshalb wandern Papiere und Geld in ein wasserdichtes Behältnis und dann in die Hosentasche und Dinge, die nicht nass werden dürfen (z.B. Kamera) in einen ebenfalls wasserdichten Ortlieb-Sack. Der

Rest wird so gut es eben geht mittig im Boot TINU verstaut und zum Schutz gegen Spritz- und gegebenenfalls Regenwasser mit dem Zelt-Footprint abgedeckt. Eine kurze Überschlagsrechnung ergibt, dass die gewichtige Summe unserer gestählten Körper und beider Gepäckcontainer die zulässige Höchstzuladung von 400 kg – das verrät uns ein Hinweis auf dem Boot – nicht überschreitet. Na, dann kann es ja endlich losgehen.

Es liegt noch ein zweites Boot am Ufer. Wir suchen uns die besten Paddel und Schwimmwesten (wir wählen die kleinsten Übel) aus dem insgesamt verfügbaren Fundus zusammen. Die Paddel sind von Wanderern aus aller Herren Länder samt und sonders irgendwie für weitere Einsätze behelfsmäßig wiederhergestellt worden. Wie auch sonst. Schließlich haben die wenigsten Wanderer eine Faltwerkstatt dabei. Da muss man halt im Bedarfsfall den MacGyver machen. Im Land der Blinden ist der Einäugige König, sagt man. Hier ist König, wer aus den Tiefen seines Rucksacks eine Rolle Panzerband zutage fördern kann.

Und schon stechen wir in den See. Ein leicht bewölkter Himmel über und leichter Wellengang um und unter uns begleiten den Start. Die Platzverteilung von Bug nach Heck lautet: ich, Rucksäcke, Niklas. Nach 200-300 m haben wir uns in den erforderlichen Paddel-Rhythmus eingegroovt. Mitunter neigt das Kanu dazu, sich quer zu den Wellen zu stellen, aber Steuermann Niklas hat's im Griff. Guter Sohn!
Ein nicht erkannter Sehnenabriss in meiner rechten Schulter vor 10 Jahren hat dazu geführt, dass der Musculus Supraspinatus nicht nur verkümmert, sondern mittlerweile einfach weg ist. Dadurch ergeben sich bei mir schmerzhafte Probleme insbesondere bei Bewegungen über Schulterhöhe hinaus. Deshalb muss ich beim Paddeln häufiger pausieren, so dass Niklas die Hauptarbeit verrichtet. Der Wind steht immer noch günstig und so kommen wir trotzdem gut voran.
Nach einer Stunde haben wir ohne besondere Anstrengung bestimmt schon 6 km geschafft. Der Wind schiebt uns freundlicherweise gemächlich übers Wasser. Die Hauptarbeit besteht lediglich darin, die TINU durch regelmäßige Korrekturen auf Kurs zu halten.
Die Wanderstrecke vom Kanucenter bis zur Katiffik-Hütte folgt über 20 km fast stringent dem Verlauf des südlichen Seeufers. Auf der Karte ist im See eine Kanuroute eingezeichnet. Diese führt während der ersten 10 km ebenfalls direkt in Südufer-Nähe entlang, kreuzt dann rüber zum Nordufer und schlängelt sich zwischen einer kleinen Insel und einer winzigen Landzunge hindurch, um für die zweite Hälfte des Sees entlang des Nordufers zu verlaufen.

Ab und zu tröpfelt es schüchtern aus lichtgrauen Wolken – aber das sind nur kurze Intermezzi. Größtenteils zaubert die Sonne tanzende Lichtreflexe auf das Wasser. Es ist nicht kalt. Leise plätschern die niedrigen Wellen gegen den Bootsrumpf und lullen uns ein. Sonst hört man nichts, nur die friedliche Stille der Einsamkeit.

Wir nähern uns dem Inselchen und beschließen, dort anzulegen und uns ein wenig die Beine zu vertreten. Von der 194 m hohen Erhebung erhoffen wir uns einen Blick auf das heutige Tagesziel: die Katiffik-Hütte am Ost-Ende des Sees.

Das Inselufer ist felsig – kein Sand- oder Kiesstrand – doch das Anlegemanöver gelingt problemlos. Zwischen den Felsen eingekeilt liegt ein einsames Rentiergeweih, das kurzerhand als Poller missbraucht wird. Sicher vertäut überlassen wir die TINU sich selbst und erklimmen die „Höhe 194".

Der Blick auf die Hütte wird uns vom steilen Nordufer verwehrt, an dem wir nicht vorbeigucken können. Immerhin zeigt ein 10 Kilometer weiter Blick zurück über den See, welche Strecke wir schon auf dem Wasser zurückgelegt haben. Die Hälfte ist geschafft. Wir lassen uns noch etwas durchpusten und drehen die Nasen aus dem Wind. Das Südufer mit seinen bis auf gut 400 m ansteigenden Hängen leuchtet uns in seiner sonnenbeschienenen Gleichmäßigkeit gülden entgegen. Wir wissen, dass der Pfad direkt am Ufer entlangführt, aber wir sind mit 2-3 km zu weit weg, um ihn tatsächlich zu erkennen. Wanderer sind auch keine auszumachen; auch während der gesamten Fahrt nicht. Es ist allerdings schwer einzuschätzen, inwieweit man einen oder auch zwei normal gewachsene Menschen vor der beeindruckenden natürlichen Kulisse tatsächlich wahrnehmen würde. Denn selbst das einsame Ren, das unweit der Anhöhe auf dem Nordufer trabt, ist visuell nicht so leicht wieder auszumachen, wenn man es einmal aus dem Blick verloren hat.

Schön ist es hier oben im Wind. Ich bin froh und dankbar, dass ich hier sein darf. Der Wind braust in meinen Ohren, während ich das Naturschauspiel rings um mich her bewundere und ein Gefühl tiefer Zufriedenheit erfüllt mich.

Die TINU hat brav gewartet und sich nicht losgerissen. Formvollendet gehen wir wieder an Bord und mit der Eleganz geübter Routiniers nehmen wir rasch wieder Fahrt auf. Nach einer halben Stunde ist die sichtversperrende Bergnase umrundet und erstmals ist mit etwas Phantasie am weit entfernten Ende des Amitsorsuaq ein rotes Pünktchen zu erkennen. Das muss die Katiffik-Hütte sein. Naja, 6-7 Kilometer sind es immer noch. Das bedeutet noch eine weitere gute Stunde auf dem Wasser, während der wir aber keine Hektik entwickeln. Dieser Tag ist einfach klasse. Ziemlich stabiles, freundliches Wetter und wohlmeinende Windverhältnisse sorgen für eine wirklich entspannte Paddeltour. Okay, die Paddel selbst sind nicht der wahre Jakob – die eckige Verlängerung des Paddelstiels mit einem Stück Dachlatte hat mir zwischen Daumen und Zeigefinger eine kleine offene Blase beschert – aber sich darüber zu echauffieren hieße, auf hohem Niveau zu jammern.

Mitten auf dem Amitsorsuaq

Nun wird doch der eine oder andere Meter mit etwas mehr Krafteinsatz bewältigt. Das Ziel liegt nun mal vor der Nase und motiviert ungemein.

Es dauert tatsächlich nicht mehr lang und die TINU rutscht auf den Kiesstrand, nur einen Viertel Steinwurf von der Hütte entfernt. Wir kümmern uns erst um das Kanu, das uns zuverlässig hierher getragen hat, bevor ein warmer Tee uns wieder aufwärmen kann.. Gegen Ende hat der Wind uns doch etwas ausgekühlt.

Die Hütte ist nicht nur nicht leer, sondern mit 3 Frauen hälftig belegt. Der kleine Tisch an der Wand gegenüber der Tür beherbergt Berge von Fressalien. Das sind die primären Wahrnehmungen. Wir grüßen artig und lassen verlauten, dass wir etwas später, wenn das Zelt steht, die Kochecke benutzen wollen. Dann bereiten wir erstmal unsere Unterkunft vor. Der Wind hat sich zwischenzeitlich etwas verstärkt und ist zunehmend eisiger geworden. Ein Grund mehr, wenigstens zum Kochen die Hütte zu benutzen.

Das heutige Schlemmermahl besteht aus doppeltem Nudeleintopf und einem Becher heißer, fetter Brühe als Dessert. Da geht einem das Herz auf!

🛈 Katiffik

Position: N6655133 – W5121375
Liegeplätze: max. 2 x 3 auf zwei Ebenen

Der Innenraum der Katiffik-Hütte ist winzig. Kommt man zur Tür herein, befindet sich sofort links die Kochecke: eine kleine mit Metall belegte Arbeitsplatte, umgeben von weiteren Metallplatten an den umgebenden Wandstücken. Dahinter, ebenfalls auf der linken Seite, sind die Schlafplätze. Davon gibt es wohlmeinend 6 an der Zahl: drei auf einer hüfthoch angebrachten Plattform und drei auf dem Fußboden darunter. Das ist gängige Praxis hierorts.
Der enge Teil zwischen Schlafplattform und rechter Außenwand wird von einer schmalen und sehr windschiefen Holzbank bevölkert. An der Giebelwand gegenüber der Tür befindet sich ein sehr kleiner Tisch (ca. 50x50 cm).

Die Mädels sind aus USA und Schottland, gehören in dieser Konstellation aber nicht zusammen. Die schottische Mikrobiologin ist solo unterwegs. Die beiden Amerikanerinnen sind Schwestern, die schon den ganzen Tag hier hocken und warten. Dann warten sie mit einer Story auf, die es wert ist, erzählt zu werden:

Arctic Circle Trail

Ursprünglich sind die Amis zu fünft angereist: die beiden Mädels, der Ehemann von einer der beiden und zwei Freunde. Kurz nach der Ankunft in Kangerlussuaq hat sich einer der beiden Freunde separat aufgemacht, die Welt zu erkunden. Das kam wohl unerwartet für die übrigen Gruppenmitglieder, aber da waren's nur noch vier. Der andere Freund ist nicht wirklich ein Outdoor-Mensch und man hat sich schon gewundert, warum er diese Reise überhaupt unternommen hat. Dennoch hat er die erste Etappe bis zur Katiffik-Hütte mitgemacht, dann aber verkündet, er würde jetzt wieder zurückgehen und in Kangerlussuaq auf die Rückkehr der übrigen Gruppenmitglieder warten. Seltsam bis hier? Aber es geht noch weiter!

Man hat also in Katiffik übernachtet. Jimmy, der Ehemann von Mädel 1, hegte große Bedenken, den Kollegen allein bis Kangerlussuaq zurückgehen zu lassen. Die Befürchtung war, dass er den Weg nicht finden würde – schließlich ist er ja kein Outdoor-Mensch. Also sind die beiden heute Morgen zusammen los und seitdem wartet man auf Jimmy. An dieser Stelle nehme ich nehme das Ende vorweg, um die Geschichte zusammenhängend zu erzählen.

Irgendwann um Mitternacht ist Jimmy tatsächlich wieder hier an der Katiffik-Hütte angelangt. Beim Frühstück am nächsten Morgen erzählt er wie er seinen Kollegen hat vorgehen lassen, um zu sehen, wie der sich so verhält. In der Tat wäre dieser zweimal falsch „abgebogen" und wer weiß wo gelandet, wenn Jimmy ihn nicht wieder eingeordnet hätte. Vielleicht hätte er sich zu dem in 2016 vermissten Chinesen gesellt (s. Kasten „Tourist vermisst" auf der nächsten Seite). Jimmys Befürchtungen waren also nicht grundlos. In Kelly Ville, dem Start-/Endpunkt des ACT, hat er seinen Kumpel schließlich verlassen und ihn für die letzte Strecke bis Kangerlussuaq sich selbst überlassen. Auf diesen letzten 15 km wird sich selbst ein Indoor-Mann nicht mehr verlaufen, wenn er nur der einzigen Straße in der Umgebung bis Kangerlussuaq folgen muss.

Also den Kumpel bis an die Straße bringen, noch einmal freundschaftlich auf die Schulter klopfen, auf dem Absatz kehrt und denselben Weg wieder zurück machen. Da hat der liebe Jimmy von morgens (ich weiß nicht, wann er gestartet ist) bis Mitternacht mal eben knapp 50 km – ohne Gepäck – abgerissen. Ich bin vor ewigen Zeiten, als ich noch voll im Saft stand, dem Leinpfad an der Ruhr gefolgt: von Essen-Kray bis Witten und zurück. Eine vergleichbare Strecke (65 km in 11-12 Stunden), allerdings komplett ohne Steigungen. Deshalb kann ich Jimmys Leistung gut einschätzen.

Durch den gestrigen Gewaltmarsch und der heutigen Paddeltour haben wir drei Tage gutgemacht. Das bedeutet, dass wir nun absolut keine Zeitprobleme mehr haben, um die Ice Cap-Tour am 4. September wahrnehmen zu können. Deshalb müssen wir heute auch nicht mehr weitergehen, was wir gleich bei der Ankunft hier beschlossen haben.

Wir unterhalten uns noch ein wenig über die dampfenden Nudelbecher hinweg mit den Mädels, sind dann aber auch bald reif für die Daunen. Die Amerikanerinnen warten weiter auf Jimmy.

 Tourist vermisst

Im Juli 2016 ist ein gebürtiger Hong-Kong Chinese auf dem ACT verschollen. Er war in der Richtung Sisimiut --> Kangerlussuaq unterwegs und ist Augenzeugenberichten zufolge tatsächlich in der Nähe der Eqalugaarniarfik-Hütte gesehen worden. Seitdem gilt er als verschollen.

Diese Geschichte kursiert auf dem ACT, wobei als Aufhänger immer die von den Angehörigen des Vermissten ausgeschriebene Belohnung von 20.000 $ für das Finden des Leichnams herhalten muss. In Sisimiut, Kangerlussuaq und Kelly Ville sind seinerzeit entsprechende Plakate aufgehängt worden.

Kalaallit Nunaata Radioa (KNR, grönländischer Rundfunk), Hong Kong Economic Journal und Coconuts Hong Kong Media berichteten über den 27-jährigen Investmentbanker Romeo Yat Wui Cheung, der am 7. Juli 2016 von seiner Arbeitsstätte London zunächst nach Island aufgebrochen war. Am 8. Juli kontaktierte er Familie und Freunde und teilte mit, dass er in Ilulissat, Westgrönland, an einer Hubschraubertour über die Gletscher teilnehmen wollte.

Die Polizei von Sermersooq (Großkommune in Grönland) startete eine Suchaktion am 20. Juli auf Bitte der Polizei von London, nachdem Yat Wui Cheung nicht wie geplant am 17. Juli nach London zurückgekehrt war. Mehrere Tage hat die Hubschrauberpolizei das Landgebiet von Itillinnguaq in Kangerlussuaq im Süden und nach Isortuarsuk im Norden und das Inlandeis östlich von Kangerlussuaq vergeblich nach dem Vermissten abgesucht.

Cheung wurde zuletzt am 14. Juli in der Umgebung der Eqalugaarniarfik Hütte gesehen. Es wird angenommen, dass er ohne sein ursprüngliches Gepäck unterwegs war, da es bei einem Hinflug verloren ging. Möglicherweise hatte er eine begrenzte Menge an Gepäck in Form eines kleinen orangefarbenen Rucksacks dabei. Am 27. Juli gab KNR bekannt, dass die Polizei die Suche nach dem vermissten Wanderer aufgegeben habe.

Arctic Circle Trail

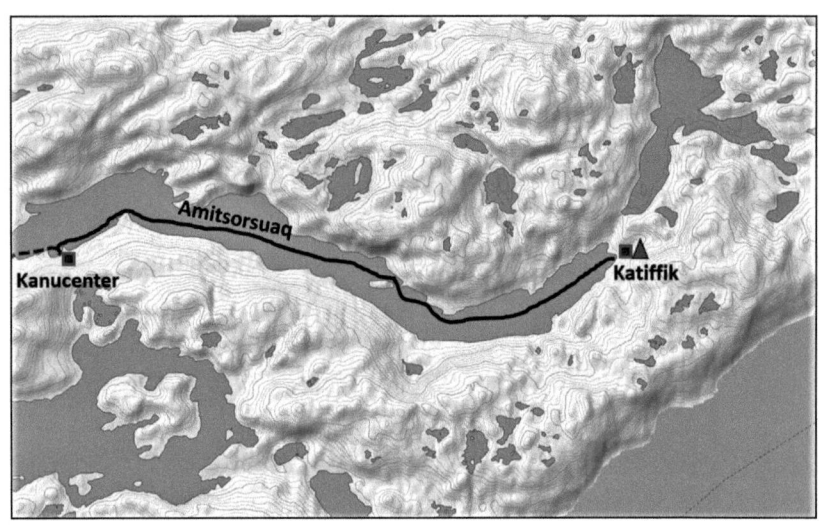

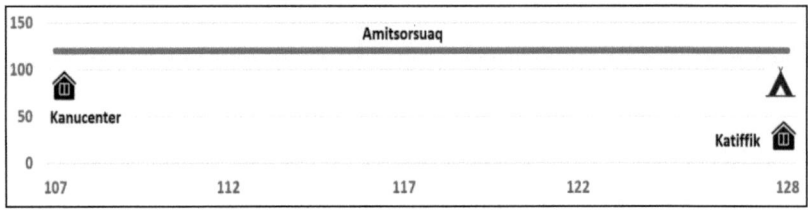

Höhenprofil dieser 21-km-Etappe

Katiffik-Hütte bis kurz vor Kelly Ville

| Katiffik-Hütte | Hausputz | Qarlissuit | ungetaufte Seen | Hundesø |
| Wohnwagen | Wasserknappheit |

Die Nachtkälte war erträglich. In den letzten Tagen habe ausschließlich ich Niklas Schlafsack benutzt. Auch eine in dieser Nacht vom Harndrang verursachte Frischluftphase zeigte kein Nordlicht am bewölkten Himmel.

Die Schottin ist schon sehr früh aufgebrochen und weg. Also frühstücken wir gemeinsam mit den drei Amis – Jimmy ist ja in der Nacht von seinem Ausflug zurückgekehrt. Die drei lümmeln sich auf der Schlafplattform dekadent in ihren Schlafsäcken und wir hocken auf der windschiefen Holzbank, direkt neben uns der überladene kleine Tisch mit Bergen von amerikanischen Fressalien: weiche Brote (so wie die holländischen), Erdnussbutter, Marshmallows, Travel-Lunch-Tüten en masse und vieles mehr.

Deutschland serviert althergebrachtes Müsli, Amerika zaubert *scrambled eggs* aus dem Travel-Lunch-Bag. Tüte auf, kochendes Wasser reinkippen, Tüte zu und 8 Minuten warten. Wir dürfen das Ergebnis in Augenschein nehmen: Rein optisch sieht es tatsächlich wie Rührei aus. Ob es auch so schmeckt, wissen wir nicht. Dafür spendieren die Amis uns jeweils eine Tassenportion Maxwell-Kaffee-Pulver. Die Vorfreude auf einen Kaffee nach tagelanger Abstinenz sinkt nach dem ersten Schluck rapide auf null. Erbärmliches Zeug, gerade mal gut genug zum Lagerfeuer löschen. Aber es ist die Geste, die zählt.

Wir haben es nicht eilig bei dem schönen Wetter. Heute weht leichter Ostwind – günstig für Paddler in Richtung Kanucenter. Wir empfehlen Jimmy und seinen Frauen, das Kanu zu benutzen und so den verlorenen Tag wieder aufzuholen. Mit dem Hinweis auf die Besonderheiten der Paddelreparaturen vermachen wir ihm eine unserer Leukoplast-Rollen. Das Zeug kann man prima als Prophylaxe gegen Blasen verwenden. Sie wählen tatsächlich das Kanu und wir schauen ihnen noch eine kleine Weile zu wie sie sich mehr und mehr vom Ufer entfernen. Scheint auch bei denen ganz gut zu funktionieren, die Paddelei.

Wir wollen ein gutes Werk tun. In der Kangerluarsuk Tulleq Hütte hatten wir erstmals den DIN A-4-formatigen Aufruf „**Hikers Maintaining the Trail**" des Vereins „Polar-Routen e.V." gesehen (s. Seite 55). Darin wird darauf hingewiesen, dass die Gemeinde (hier: die Kommune Qeqqata) zwar ein Unternehmen beauftragt hat, die Hütten entlang des ACT mehrmals im Jahr zu reinigen, dieses aber für einen unvermüllten Trail längst nicht ausreicht. Leider gibt es immer noch zu viele Leute, die sich für nichts verantwortlich fühlen und meist aus stinkender Faulheit ihren Müll achtlos überall liegen lassen anstatt ihn wieder (bis in die Zivilisation) mitzunehmen. Bereits in 2011 ist diese Initiative ins Leben gerufen worden, die die Wanderer motivieren will, zur Erhaltung dieses schönen Wanderweges beizutragen. Einfach, indem man unterwegs gefundenen Müll wenigstens bis zur nächsten Hütte oder besser noch: bis zum Ende der Tour mitnimmt und dort entsorgt. Darüber hinaus wird für eine Unterschriftenaktion gegen die Errichtung eines Motorweges für ATVs (All Terrain Vehicles; Quad bikes) geworben, der streckenweise auf bzw. parallel zum Arctic Circle Trail verlaufen soll *(s. S. 39 und Info-Kasten)*.

Nachdem unser Zeug gepackt ist, machen wir uns ans Werk. Wenige Schritte neben dem soeben geräumten Zeltgrund, in direktem Zugang zur 5 Meter entfernten Hüttentür, hat irgendein Heiopei seinen Topf mit Spaghetti ausgeleert. Sehr rücksichtsvoll und ein sehr appetitlicher Anblick. Mithilfe einer an der Hütte befindlichen Gartenhacke endlagern wir diese Überreste unterirdisch.

Die nächste Baustelle ist das Durcheinander im Inneren der Hütte. Kochecke, Tisch und Holzbank sind überfrachtet mit Hinterlassenschaften mannigfaltigster Art. Auf und unter der Kochecke herrscht das reinste Chaos. Allein der 10-Liter-Kunststoffeimer, der als Mülleimer fungiert, ist sehenswert. Die Kunstfertigkeit, mit der unterschiedlichster Müll weit über die Oberkante des Eimers gestapelt wurde, ist beispiellos – und traurig zugleich. Noch einmal: Warum kann man seine leergefressenen Verpackungen nicht wieder mitnehmen?

Im Zuge der Aufräumaktion fördern wir zutage: 3 kurze Hosen, 1 Pulli, 1 Paar Socken, 1 Mütze, 1 Drei-Liter-Trinksack (neu), 1 Teleskop-Wanderstab, 1 simple Plastik-Teleskop-Angelrute (ca 40 cm Packmaß), 1 schönen Wasserkessel und 1 größeren Alu-Topf.

Wassersack, Wanderstab und Angel werden requiriert, der Rest fein säuberlich zusammengelegt und sortiert auf der Ablage unter dem Küchenbrett untergebracht. Abschließend wird die Hütte nochmal ausgefegt und als letzte Maßnahme ein Stolperloch nur wenige Meter vor der Hütte mit einem dicken Stein vom Seeufer entschärft. Aller loser Müll wird in eine Plastiktüte gestopft, die, an Niklas Rucksack befestigt, in Kangerlussuaq entsorgt werden wird.

Arktischer Mülltransporter – A hiker maintaining the trail

Dann kann's ja losgehen. Das Wetter ist noch immer stabil und schön. In der Sonne ist es richtig warm. Nach wenigen Metern führt uns der Pfad auch gleich relativ steil über 100 Höhenmeter für die nächsten 4 km auf das nächste Level von etwa 230 m. Danach geht es kurzfristig noch etwas höher bis auf ca. 350 m und auch gleich wieder runter auf 250 m. Dabei lassen wir den See Qarlissuit links liegen, genießen aber die herrliche Aussicht auf ihn. Nach 8-9 km erreichen wir den Rand des Plateaus und schauen auf die nur wenige Meter breite Landbrücke zwischen dem Qarlissuit und einem winzigen Anhängsel von ihm, die beide durch ein schmales Rinnsal miteinander verbunden sind. Ein sehr sonniger Himmel wölbt sich über uns und lässt die Seen in einem tiefen Blau erstrahlen. Kein Wunder, dass in der Karte wieder ein rotes Dreieck auf der Landbrücke prangt. Das ist aber mal wirklich ein schöner Platz.

Die Wegbeschaffenheit ist durchweg trocken und gut. Wer hätte das gedacht, dass es hier so etwas gibt. Wir wägen die Optionen ab. Die erste ist, die kompletten 25 km bis Kelly Ville zu gehen. Bei diesem herrlichen Wetter ist die Motivation dazu groß. Die zweite Option ist, so weit zu gehen wie wir Lust dazu haben und den Rest eben morgen zu erledigen. Es gibt hier viele wunderschöne Panoramen, die dazu einladen, zu verweilen und einfach nur zu schauen. Option Nr. 2 gewinnt.

Es geht ein kühler Wind und wir stellen fest, dass der Gasball am blauen Himmel ein trügerisches Gefühl von Wärme vermittelt. Solange man im Sonnenschein läuft, ist es tatsächlich sehr angenehm. Doch sobald man in ein Schattenfeld eintaucht, wird es gleich um mehrere Grad und deutlich spürbar kälter.

Landbrücke am östlichsten Zipfel des Qarlissuit (links)

Auf der anderen Seite der Landbrücke führt der Pfad über einen niedrigen Grat wieder bis auf etwa 300 m hoch. Das Erreichen dieser Anhöhe wird mit einem atemberaubenden Blick zurück auf den Qarlissuit belohnt. Der See liegt wie kunstvoll eingearbeitet in dieser Landschaft und präsentiert auf diesem sichtbaren Teilstück eine idyllische, kleine Insel. Eine niedrige Hügelkette im Hintergrund lässt den entfernten Amitsorsuaq hervorlugen.

Wir bleiben für die nächsten 6 km auf dem 300-m-Level. Dann geht es relativ zügig runter bis auf 200 m. Dieses Niveau halten wir für den Rest des Tages. Ein See löst hier den anderen ab. Die meisten sind nicht groß, viele auch nur größere Teiche – aber ihre Zahl ist Legion. Vermutlich ist das auch der Grund für ihre Anonymität. Die wenigsten sind getauft worden.

Nach weiteren 4 km passieren wir dann doch eindeutig identifizierbare Seen. Wir schlängeln wir uns zwischen Limnæasø (westlich von uns) und Brayasø (östlich von uns) hindurch und touchieren im Anschluss fast das Südende des Hundesø. Hier befindet sich sehr nah am Seeufer der „Serial Killer Shed", der Schuppen des Serienmörders. Niklas hat diesen zur Wandererhütte umgewidmeten, verrosteten, ziemlich abgewrackten Wohnwagen mit diversen Metallanbauten so getauft, nachdem mehrere entgegenkommende Wanderer mehr oder minder schaurige Geschichten über diese Unterkunft – und insbesondere die Innenausstattung – zum Besten gaben. Wir wollen dort nicht übernachten und verspüren auch kein großes Verlangen, dieses Gebilde in Augenschein zu nehmen.

Wir passieren den Wohnwagen in Sichtweite und kurz nachdem der Pfad hier einen markanten Rechtsknick macht, befinden wir uns auf einem breiten Weg. Eigentlich schon ein landwirtschaftlicher Nutzungsweg, holperig, grasbewachsen und mit Reifenspuren. Nun bin ich doch ziemlich erschöpft nach gut 20 km. Von Kelly Ville wissen wir nur, dass es dort außer dem einen oder anderen Forschungsgebäude nichts gibt und man ab dort einer Schotterstraße bis zur asphaltierten Straße folgen muss, die letztlich nach Kangerlussuaq führt. Es sind noch gut 2 km bis Kelly Ville. Wir beschließen, den Tag in der Tundra ausklingen zu lassen und das Zelt ein letztes Mal aufzuschlagen.

Blick zurück auf den südlichen Ausläufer des Qarlissuit
- ganz weit im Hintergrund der Amitsorsuaq

Im goldenen Licht der untergehenden Sonne wird das Zelt errichtet. Mit weiter sinkendem Sonnenball wird es merklich kälter. Der spontan gewählte Zeltplatz befindet sich nicht weit von einem kleinen See. Niklas macht sich auf, Wasser zu beschaffen. In der Zwischenzeit richte ich die Suite für die Nacht her. Isomatten aufblasen, Schlafsäcke aufschütteln, den Kocher vorbereiten und aus dem Proviantfundus ein der heutigen Leistung angemessenes Doppel-Mahl auswählen. Mir läuft das Wasser schon im Munde zusammen.

ⓘ Wohnwagen, Hundesø-Hütte

Position: N66.59,824 - W51.00,68

Liegeplätze: 4

Die erste feste Unterkunft auf dem ACT, wenn man in Kangerlussuaq startet, ist der sagenumwobene Wohnwagen am Ufer des Hundesø.
Die Hundesø-Hütte ist nur ein alter Wohnwagen mit angebautem, behelfsmäßigem Verschlag. Wahrscheinlich ist es die am wenigsten komfortable Hütte auf dem Weg, sie kann aber eine willkommene Ruhepause besonders für diejenigen ermöglichen, die bereits die ganze Strecke vom Inlandeis oder von Kangerlussuaq aus hinter sich haben (visitgreenland.com).

„Während es von außen irgendwie cool und funky aussieht, stellte das Innere selbst meine niedrigen Sauberkeitsstandards in Frage und, wie ich zugeben muss, würde ich dort nur in einer absoluten Krise bleiben. Ich wäre viel eher geneigt, draußen zu lagern" (Blog von Lisa Germany).

Apropos Wasser: Wo bleibt der Sohn eigentlich? Die Sonne ist schon fast hinterm Horizont verschwunden und ich bin schon drauf und dran, ihn suchen zu gehen als er endlich zurückkommt. Allerdings ohne Wasser. Alles was er gefunden hatte, war entweder brackig oder potenzielle Wasserläufe waren einfach ausgetrocknet. Tatsächlich sind nur noch ein paar Rest-Schlucke in den Flaschen. Also nix mit Doppel-Mahl. Statt dessen braten wir Salamischeiben. Auch lecker!

Die letzte Nacht in freier Wildbahn bricht an. Sie ist kalt. Ich liege wieder voll aufgerüscht in Niklas unzulänglichem Schlafsack. Was tut man nicht alles für die Blagen!

Ich lasse den heutigen Tag Revue passieren. Die Strecke war zwar lang, aber es hat – bis auf die Wasserknappheit - einfach alles gestimmt: Herrliches Wetter, guter Weg und phantastische Aussichten. Und keine Mücken! Das hatte ich noch gar nicht erwähnt. Seit vier oder fünf Tagen, seit wir einen Pass überquert hatten, gab es plötzlich kein Mückenproblem mehr. Seltsam? Aber so steht es geschrieben!

Vielleicht haben wir einfach nur zu sehr gestunken.

Der bei der letzten nächtlichen Blasenentleerung in den freien Himmel geworfene Blick beschert leider wieder kein Nordlicht. In dieser Beziehung hatten wir bisher kein Glück. Aber wir haben ja noch ein paar Tage. Ich krabbele wieder in den kaum wärmenden Schlafsack und gebe mich erneut der schwachen Hoffnung auf Morpheus innige Umarmung hin.

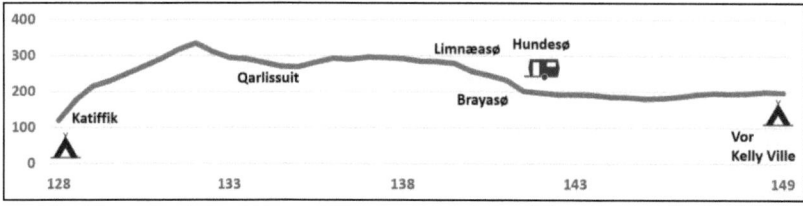

Höhenprofil dieser 21-km-Etappe

Kurz vor Kelly Ville bis Kangerlussuaq

| Kelly Ville | Mt. Evans | Jens Pavia & Nini | Umiarsualivik |
| Schotterpiste | Asphaltstraße | Shane | Vandrehjem | warme Dusche |

In der Nacht weht eisiger Wind, der kaum dazu taugt, mich entspannt schlafen zu lassen. Ich bin froh, als es endlich hell wird. Wir packen zügig ein und machen uns direkt auf den Weg. Frühstück fällt heute mangels Wassers aus. Naja, bis auf einen einfallslosen, unbunten Müsliriegel für jeden vielleicht.

Es ist zwar noch kühl, aber das herrliche Wetter von gestern scheint sich zu wiederholen. Vom gestrigen Pfad ziemlich verwöhnt, müssen heute doch wieder ein paar matschige Passagen gemeistert werden. Dort, wo die Pfützen nicht so tief sind, hat sich in der Nacht wieder Eis gebildet. Dann führt der breite Weg einen letzten Hügel hinauf; noch einmal knackige 50 Höhenmeter, die erklommen werden wollen.

So langsam geraten wir ins Schwitzen und Durst stellt sich ein. Leider gibt es hier nicht einen einzigen Bach, den man leertrinken könnte. Wiese endet und Schotter beginnt in direkter Umgebung eines Beton-Dings. Vermutlich das Fundament für irgendwas; eine Mess-Station oder was auch immer. Die einzigen Anrainer an der folgenden Schotterpiste sind Forschungseinrichtungen, die gemeinhin mit „Kelly Ville" tituliert werden. Warum und wann dieser Name sich eingebürgert hat, weiß vermutlich kein Mensch mehr.

Rechter Hand erhebt sich der Hügel Mt. Evans auf erstaunliche 364 m, die höchste Erhebung im näheren Umfeld. Immerhin hat man von hier oben einen atemberaubenden Blick Richtung Kangerlussuaq und erhält einen guten Überblick über diesen Ort. Das Ende des großen Kangerlussuaq-Fjords mit seinen Treibsandfeldern ist gut sichtbar. Die Treibsandareale werden von vielen Tonnen Schlamm gebildet, der aus dem Eisschild den Fluss hinunterkommt. Weit hinter Kangerlussuaq lässt sich in der Ferne ein Stück des Eisschilds erkennen. Das alles kennen wir nicht aus eigener Erfahrung, weil wir uns den bei diesem Wetter vermutlich schweißtreibenden Aufstieg auf den Mt. Evans ersparen und statt dessen weiter auf das Betongebilde zugehen. Niklas erspäht einen im Betonschatten hockenden Schneehasen, der bei unserer Annäherung dann doch beschließt, besser davonzuhoppeln. Jetzt gelangt auch der auf dem Betonsockel hockende Mann in unser Bewusstsein. Er scheint auf irgendwas oder -wen zu warten. Wir sprechen ihn an und es entwickelt sich ein für uns sehr aufschlussreiches Gespräch.

Arctic Circle Trail

Jens-Pavia ist Grönländer. Aufgewachsen in Nuuk mit tiefem Interesse an der Natur und mittlerweile großer Erfahrung im Outdoor-Bereich ist er fasziniert von der Idee, sich aus eigener Kraft in der Natur aufzuhalten - unabhängig von Maschinen oder Kraftstoffen. Aus dieser Begeisterung fürs Kajaken, Wandern, Fischen und Jagen hat er schließlich „Greenland Outdoors" gegründet und bietet geführte Wanderungen und Kajaktouren an.

 Kelly Ville

*Etwa 12 Kilometer von Kangerlussuaq entfernt liegt eine kleine „Siedlung", eher eine Gebäudegruppe, die in der Stadt allgemein als „Kelly Ville" bekannt ist. Hier betätigt sich die **Søndrestrøm Upper Atmospheric Research Facility**, eine ionosphärische und atmosphärische Forschungseinrichtung, die sich der Erforschung der polaren oberen Atmosphäre widmet.*

Die Anlage wird von SRI International in Menlo Park, Kalifornien, unter der Schirmherrschaft der U.S. National Science Foundation betrieben und ist seit 1983 in Grönland in Betrieb. Das Herzstück der Anlage ist ein L-Band inkohärentes Streulichtradar (IS-Radar) mit einer 32 m voll steuerbaren Antenne.
Die Daten der Einrichtung werden jährlich von Hunderten von Wissenschaftlern genutzt. Dutzende von Wissenschaftlern, Ingenieuren und Studenten besuchen die Forschungsstation jedes Jahr, um Hardware zu installieren, Verbesserungen an zusammengestellten Instrumenten durchzuführen und Daten in Echtzeit in Multi-Instrumenten-Kampagnen zu sammeln.

Jens-Pavia wartet hier auf seine Frau Nini und deren gemeinsame kleine Tochter. Die beiden werden von einer Freundin aus Kangerlussuaq hergefahren und die Familie will für ein paar Tage ins Jagdcamp ziehen. Wenn Frau und Tochter wieder in die Stadt zurückkehren, wird er noch weitere 3 Wochen zum Jagen und Kajaken „draußen" bleiben. Jens-Pavia eröffnet uns die Option, eventuell von der Freundin, die die Familie mit dem Auto herbringt, nach Kangerlussuaq mitgenommen zu werden. So könnten wir die 10-km-Asphaltwanderung gut abkürzen. Das hört sich verdammt gut an. Diese Worte sind wie Balsam für unsere trockenen Kehlen, die möglichst bald Befeuchtung erfahren müssen.

Während der Wartezeit erfahren wir einiges aus dem Leben unserer neuen Bekanntschaft: als Navigationsoffizier mehrere Jahre entlang der grönländischen Küsten gefahren, Leiter der „Ice Patrol" in Narsarsuaq gewesen und ist jetzt auch „BCU 4 Star Leader Sea Kayaker".

Dann plaudert er aus dem Jäger-Nähkästchen. Eine Geschichte ist, wie er wieder einmal per Kayak auf einem Jagdausflug war und einen jungen Hund dabei hatte. Schon auf dem Weg zum Camp konnte er einen Adler beobachten, der ständig über ihm kreiste und der wohl scharf auf den jungen Hund als Beute war. Der Adler schien aber unschlüssig zu sein, ob er das Beutetier in seinen Fängen auch wegtragen könne. Nachdem Jens-Pavia das Camp hergerichtet hatte, brach er zur Jagd auf, hatte den jagdunerfahrenen Hund aber im Camp angebunden. Später auf dem Rückweg, als er quasi noch mitten auf dem See war, sah er wie der Adler, der wieder aufgetaucht war, in der Nähe des Camps niederging. Daraufhin sei er wie ein Verrückter gepaddelt, um so schnell wie möglich zum Camp zu kommen und hoffentlich den Hund noch retten zu können. Glückliches Ende: Der Adler war gar nicht da, dem Hund ging es gut.

Die Natur kann unberechenbar sein.

Wir lernen auch, dass es einfach ist, ein Rentier zu häuten. Bei einem Moschusochsen kostet der gleiche Vorgang ungleich mehr Anstrengung. Dessen Haut ist erheblich widerstandsfähiger und verlangt, dass bei dieser Arbeit dauernd das Messer geschärft werden muss.

Über diese Exkursionen vergeht die Zeit. Dann nähert sich ein weißer SUV mit Jens-Pavias Familie plus Hund an Bord. Die Grönländer sind alle sehr freundlich. Nini, die Ehefrau begrüßt uns wie alte Freunde gleich mit Handschlag. Später in Kangerlussuaq erfahren wir zufällig, dass sie gegenüber dem Flughafengebäude den kleinen Kunsthandwerkerladen „By Heart" betreibt.

Die Chauffeuse ist untröstlich. Sie hat sich kurzentschlossen heute frei genommen und will die Familie bis ins Jagdcamp begleiten. Das heißt, unsere Mitfahrgelegenheit hat sich soeben in Luft aufgelöst. Man ist aber bestrebt, uns irgendwie zu helfen und überlegt, wen aus dem reichhaltigen Bekanntenkreis man zum Zweck der außerplanmäßigen Personenbeförderung requirieren könne. Hierbei bekommen wir den ersten Eindruck davon wie vernetzt die Leute hier sind. Jeder kennt jeden und offensichtlich weiß man von jedem, wo der sich gerade aufhält. Trotzdem bleibt das Engagement fruchtlos. Als letzte Möglichkeit könne man ein Taxi herbeibeordern. Das möchten wir dann aber doch nicht und so verabschieden wir uns tränenreich von unseren neuen grönländischen Freunden.

Während diese ins Fjäll ziehen, lenken wir unsere Schritte auf die staubige, kurvige Schotterpiste. Mittlerweile steht die Sonne hoch am Himmel und wir leiden immer noch quälenden Durst. Wir befinden uns hier am Endpunkt der Schotterstraße und können nur hoffen, dass uns eventuell im weiteren Verlauf ein Auto auflesen kann. Tatsächlich passieren wir nach und nach ein paar Wagen, die abseits der Piste abgestellt sind. Das mögen Jäger sein, die am heutigen Sonntag auf die Pirsch gehen. Die werden wohl so bald nicht wieder zurück in die Stadt fahren.

Nach ein paar Windungen liegt rechts neben der Piste die zugangsgesicherte Forschungsstation mit der riesigen Antenne. Ein Liter Wasser würde in diesem Moment mehr Begeisterung bei mir hervorrufen.

Die Piste führt bergab und man kann ein paar hundert Meter weit den Verlauf beobachten. Schätzungsweise 500 m weitere macht die Piste eine Spitzkehre und verschwindet hinter einem Hügel, der sich nun zwischen uns und deren weiteren Verlauf auftut.

„Hey, da sind Reifenspuren! Ich wette, da können wir abkürzen!" Niklas entdeckt deutliche Spuren (vermutlich von Quads), die diesen sehr steilen Hügel geradlinig hinaufführen. Inzwischen bar jeder Hoffnung auf eine automobile Mitnahme und bestrebt, die Strecke bis zur Asphaltstraße möglichst kurz zu halten, kämpfen wir uns diesen vermaledeiten Hügel hoch. Nur, um oben 3 Dinge festzustellen: 1. die Trasse endet hier; es gibt keine Fortsetzung die andere Hügelseite bequem hinab zu gelangen; 2. beim Blick zurück sehen wir tatsächlich in kurzen Abständen drei Wagen die Schotterpiste in unsere favorisierte Richtung hinabfahren – Mist, falsche Entscheidung getroffen; 3. wir sind der Asphaltstraße per Luftlinie schon recht nah, müssen uns aber die ebenso steile Hügelrückseite weglos hinabkämpfen.

Allein, was bleibt uns übrig? Lerne leiden, ohne zu klagen und stolpere einfach den Hang herunter. Tatsächlich dauert es vielleicht nur 20 – 30 Minuten bis wir unten an der Straße sind. Aber die gesichteten motorisierten Transportgefäße der hiesigen Bevölkerung sind natürlich in der Zwischenzeit auf und davon.

Die Aussicht auf 10 km Asphalt treten lässt meine Beine schwach werden und meine Motivation in den Keller sinken. Die Straße endet bei einigen Gebäuden, die wahrscheinlich zu dem Hafen von Kangerlussuaq (Umiarsualivik) gehören. Welchem Zweck sie dienen, ist nicht erkennbar.

„Pass auf, Sohn, hier einfach stehenzubleiben bringt auch nix. Lass uns gemächlich weitermarschieren. Vielleicht finden wir am Straßenrand ein kleines Rinnsal Trinkwasser und es kommt doch noch einer vorbei." Die Hoffnung stirbt bekanntlich zuletzt.

Niklas nickt; wir gehen also weiter. Wasser gibt es immer noch keins, aber in den nächsten 30 Minuten brettern 4 Autos an uns vorbei – allerdings in die falsche Richtung, nach Kelly Ville. Nur ein dunkelblauer, klappriger Toyota mit orangefarbener Rundumleuchte auf dem Dach biegt nicht rechts ab auf die Schotterpiste, sondern steuert eines der Hafengebäude an.

„Hast du gesehen, der fährt nicht nach Kelly Ville! Auf den warte ich jetzt. Der kommt gleich zurück! Heute ist Sonntag, was will der da groß machen? Der liest bestenfalls irgendeine Wasseruhr ab oder sowas!"
Ich setze meinen Rucksack ab und mich selbst darauf. Niklas tut es mir gleich und so hocken wir erwartungsvoll und dehydriert am Straßenrand, den Daumen hochgereckt.

Nennt mich Baba Wanga oder Nostradamus oder Hanussen. Oder wie Ihr wollt. Tatsache ist, dass die geweissagte Rückkehr des klapprigen Toyotas nach gerade mal einer Viertelstunde wahr wird. Niklas kraftloser Daumen wird bemerkt – der Wagen hält. Die Einheimischen sind total hilfsbereit und immer freundlich; das werden wir in den nächsten Tagen noch häufiger erleben. Eine kleine Gestalt im Blaumann steigt aus und kommt lächelnd auf uns zu. Der kleine Grönländer spricht fast gar kein Englisch und will uns das Inuit-Wort für „Willkommen" beibringen. Nach einigen fehlgeschlagenen Versuchen geben wir auf. Das Grönländische (Kalaallisut) hat schon seine aussprachlichen Besonderheiten und ich behaupte, dass Menschen, die mit Zungenschlag sprechen, hierfür prädestiniert sind.

Kofferraum auf, Rucksäcke rein, Platz genommen und schon geht's los. Der Kollege hat uns bestimmt seinen Namen verraten, den wir aber leider aus seinen verbalen Auslassungen nicht heraushören konnten. Immerhin können wir ihm problemlos unser Wunschziel, das Vandrehjem (auch als Youth Hostel bekannt), verständlich machen.

On the road to ~~Tipperary~~ Kangerlussuaq

Die Fahrt bei 70 km/h dauert immer noch gut 10 Minuten, während derer unserer Chauffeur pausenlos ihm persönlich bekannten Schlaglöchern und Bodenwellen im Asphalt rechtzeitig ausweicht und Leute in entgegenkommenden Autos oder später auch Fußgänger regelmäßig per Handzeichen grüßt. Hier scheint wirklich jeder jeden zu kennen. Während der nächsten Tage werden wir feststellen, dass hierorts auch die Touristen von jedem Autofahrer ein Handzeichen und von jedem Passanten ein freundliches „Hej" erhalten. Sogar Kleinkinder haben uns aus dem Kinderwagen heraus zugewinkt.

 Kalaallisut

*Grönländisch (**Kalaallisut**) ist die alleinige Amtssprache in Grönland und wird von ca. 57.000 Menschen gesprochen. Das grönländische Wort Kalaallisut bedeutet wörtlich „Wie ein Grönländer".*

Grönländisch gehört zu den Inuitsprachen. Es zeichnet sich wie alle Sprachen dieser Sprachfamilie durch sehr lange Wörter bis hin zu Einwortsätzen aus. Grönländisch verfügt über mehrere Dialekte, die in drei Hauptdialekte gegliedert werden: Inuktun (Nordgrönländisch), Kitaamiusut (Westgrönländisch) und Tunumiisut (Ostgrönländisch). Die Standardsprache des Grönländischen gründet auf dem Dialekt, der in der Hauptstadt Nuuk gesprochen wird.

Sprachhistorisch geht man davon aus, dass die Paläoeskimos noch ein Ur-Eskimo-Aaleutisch sprachen. Mit der Einwanderung der Neo-Eskimos um das 13. Jahrhundert herum verschwanden bisherige Kulturen und damit auch deren Sprache.
1721 begann die Missionierung und Kolonialisierung Grönlands durch den norwegischen Pfarrer Hans Egede, der selbst Grönländisch erlernte. Seine beiden Söhne übersetzten Bibeltexte ins Grönländische und verfassten 1750 das erste Wörterbuch und 1760 eine Grammatik. Die grönländische Sprache wird seit Beginn der Verschriftlichung mit dem lateinischen Alphabet geschrieben.
1953 wurde Grönland dekolonisiert, aber im Gegenzug verstärkte sich die Danifizierung des Landes. Mit Einführung der Hjemmestyre im Jahr 1979, durch die Grönland autonom wurde, wurde Grönländisch wieder zur Hauptsprache erklärt.

Textbeispiel (Allgemeine Erklärung der Menschenrechte, Artikel 1):
Inuit tamarmik inunngorput nammineersinnaassuseqarlutik assigiimmillu ataqqinas-suseqarlutillu pisinnaatitaaffeqarlutik. Silaqassusermik tarnillu nalunngissusianik pilersugaapput, imminnullu iliorfigeqatigiittariaqaraluarput qatannguti-giittut peqatigi-innerup anersaavani.

Shane, so hat Niklas unseren Chauffeur getauft, bringt uns bis vor die Tür des Vandrehjems und ich bin sicher, dass er dazu extra einen Umweg in Kauf genommen hat. Wir bedanken uns bei ihm; wortreich und mit herzlichem Lächeln. Und mit einem kleinen Trinkgeld (100 DKK) – eine opportune Maßnahme wie diverse Reiseführer beschreiben, mit der man die Menschen hier nicht beleidigt.

Verglichen mit dem Vandrehjem in Sisimiut ist das hier der schiere Luxus. Von einem großzügigen Eingangsbereich mit Rezeption gehen 2 Aufenthaltsbereiche jeweils mit Küche, Flure zu türlosen 4-Bett-Zimmern, Groß-Schlafsälen oder auch zu Einzel- und Doppelzimmern ab. Geräumige Duschen gibt es auch und sogar die Möglichkeit, durch die Herbergsmutter verdreckte Klamotten waschen zu lassen.

Wir checken ein und buchen bis zum kommenden Samstag für insgesamt 2750 DKK (ca. 400 EUR) eins der kleinen 4-Bett-Zimmer, in dem 2 Etagenbetten stehen. Das Haus ist zur Zeit übersichtlich frequentiert, so dass wir den Raum während der ganzen Zeit allein verwüsten können.

Anders als im Supermarkt oder Flughafen-Café kann hier nicht mit EC- oder (nicht-dänischer) Kredit-Karte bezahlt werden. Wir brauchen also Bargeld; das kann man im Flughafengebäude an einem „ATM"- Geldautomaten ziehen wie die Herbergsmutter erklärt. Die Zivilisation hat uns wieder voll im Griff. Da wir mittlerweile Hunger und ein erklärliches, bisher ungestilltes Verlangen nach Kaffee haben – der erste Durst wurde am Wasserhahn bekämpft, kaum dass wir das Zimmer bezogen hatten -, werden die Rucksäcke kurzerhand so wie sie sind in den Schlafraum expediert und wir machen uns ohne schuldhaftes Verzögern auf den Weg zum Flughafengebäude. Dabei erfahren wir unmittelbar wie es um die Städteplanung in Kangerlussuaq bestellt ist.

Der Ort ist aus einer ehemaligen US-Militärbasis entstanden, deren für Großflugzeuge geeigneter Flughafen später vom zivilen Betreiber Greenland Air übernommen wurde. Kangerlussuaq hat einen Ortsteil südlich und einen nördlich der Start- und Landebahn, die einen unüberwindlichen Keil durch den Ort treibt. Um vom Vandrehjem zum Flughafen-Café zu gelangen, muss man einen Riesenbogen um die Landebahn machen, so dass der Genuss eines Kaffees bedeutet, dafür einen knapp 4 km langen Fußmarsch (2 hin, 2 zurück) zu investieren (s. Skizze nächste Seite).

Der einzige Supermarkt des Ortes direkt gegenüber dem Flughafen-Café hat zwar auch am Sonntag geöffnet, allerdings nur bis 13 h. Irgendwelche Schlemmereien sind heute, am Sonntag, also nicht zu erwarten. Na, wir haben ja noch diverse Nudelgerichte im Knappsack.

Das Flughafen-Café hat allerdings geöffnet. Hier bekommt man Kalt- und Warmgetränke sowie diverse Köstlichkeiten von Smörgasbord bis Muskox-Steak mit Pommes. Vorerst tut's der eine oder andere heiße Kaffee, der in entwöhnten Kehlen hinabrinnt. Das Café besitzt eine lange Fensterfront, durch die man in seliger Gelassenheit das Flughafengeschehen beobachten kann. Den Geldautomaten finden wir auch, zapfen mehrere tausend Dänenkronen und machen uns – vorübergehend schwerreich – auf den Rückweg zum Vandrehjem.

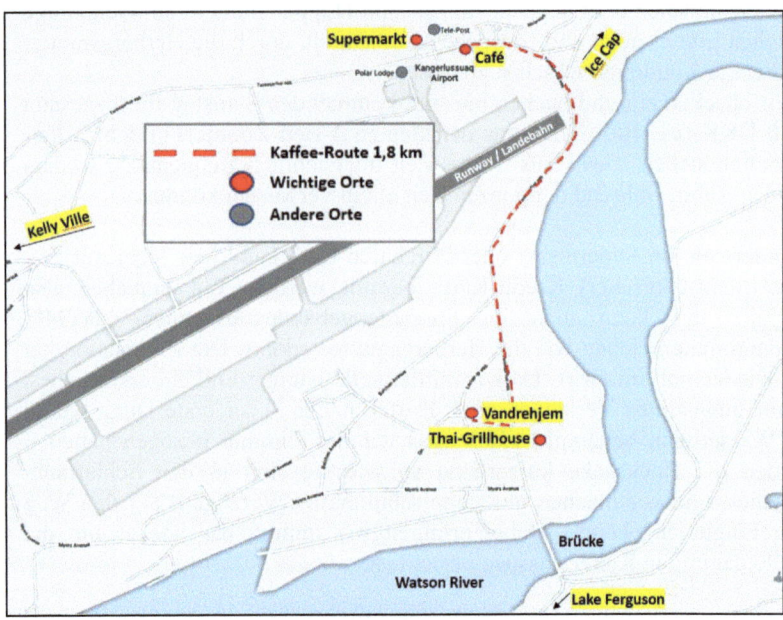

Stadtplan Kangerlussuaq

Wir richten uns für die nächsten Tage häuslich ein. Der Raum ist klein und wenn hier tatsächlich 4 Leute mit vollem Gepäck hausen wollen, ist das schon sehr – sagen wir mal: gemütlich und „cosy".

Noch bevor die heiße Dusche überhaupt rufen kann, stehen wir schon drunter. So herrlich erfrischend das Wasser der Flüsse und Seen, und so wunderbar das Gefühl von Freiheit und Weite auch ist, das ein Bad in natürlichem Gewässer weit ab von allem vermittelt – eine stetige Berieselung mit stetig warmem Wasser ist auch nicht zu verachten. Die Dusche entlässt uns sauber und erfrischt – endlich stinkt man nicht mehr nach Iltis oder Puma. Die Betten werden fix hergerichtet; dann geht's in die Küche, die sich direkt an den großen Aufenthalts- und Essraum anschließt.

Eingang zum Vandrehjem (Youth Hostel)

We did it!

Direkt vor der Küche sind drei große Ledersofas u-förmig vor einem Flachbildfernseher aufgebaut. Mitten drin ein niedriger Couchtisch.

Während unsere Nudeln garen, lenkt eine Gruppe junger Leute unsere Aufmerksamkeit auf sich. Drei junge Kerle aus der Gegend um Ulm herum haben ihren Spaß dabei, ein Kiwi-Girl deutsche Begriffe aus der Landkarten-Legende aussprechen zu lassen – zum Beispiel „Hubschrauberlandeplatz".

Max, Felix und Matthias reisen zusammen und sind hier während ihres Zwangsaufenthalts auf Cara aus Neuseeland gestoßen. Man amüsiert sich prächtig und wir gesellen uns mit unseren dampfenden Nudelbechern dazu. Alle vier wollen schließlich den Arctic Circle Trail wandern – in der klassischen Ost-West-Richtung. Cara will vorher (morgen) noch einen geführten Trip auf den Eisschild machen (so wie wir in zwei Tagen auch) und die Jungs wollten eigentlich schon längst unterwegs sein, hängen aber schon den zweiten Tag hier fest, weil Matthias Rucksack nicht mit ihm in Kangerlussuaq angekommen ist. Jetzt warten sie darauf, dass die Fluggesellschaft das verlorene Gepäck ausfindig macht.

Nach und nach stoßen weitere Übernachtungsgäste dazu: Andries, der Belgier, der sich eine deftige Erkältung zugezogen hat und dem wir unsere 7-Tage-Antibiotikum-Kur überlassen; Benjamin, der mit seinem Fahrrad angereist ist und hier ausgewählte Touren unternimmt und der frankoaustralische Kissendesigner, der ebenfalls mit seinem Fahrrad reist. Es ist schon erstaunlich, welch unterschiedliche Menschen man an den merkwürdigsten Orten antrifft.

Und alle sind gut drauf. Ganz selten, dass man an einen Nörgelkopp gerät. Merkwürdige Typen mit Schrullen, die so gar nicht ins eigene Weltbild passen und die man nicht versteht, gibt es schon. Wenn man damit nicht zurechtkommt, ist man zu mindestens 50% selbst Schuld. Aber so richtige Stiesel sind mir auf solchen Wanderungen noch nicht begegnet.

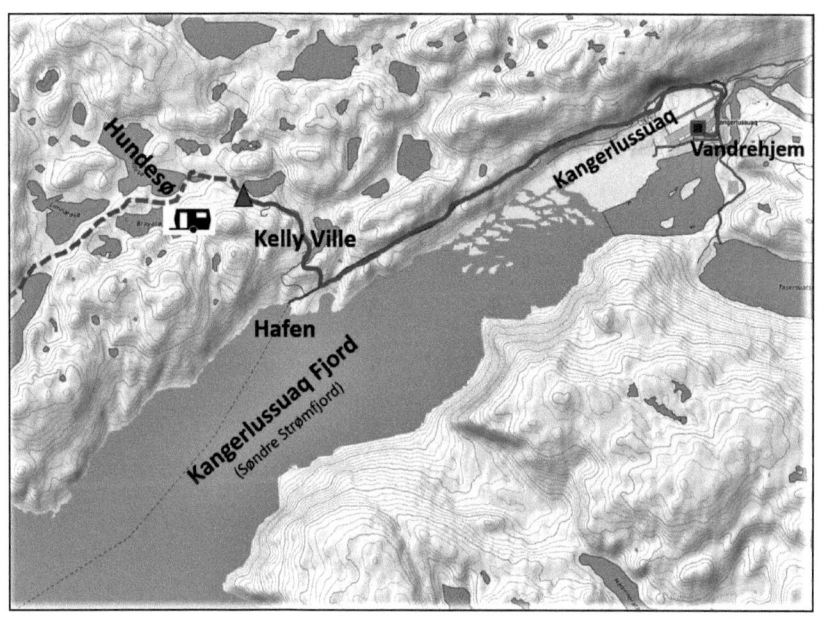

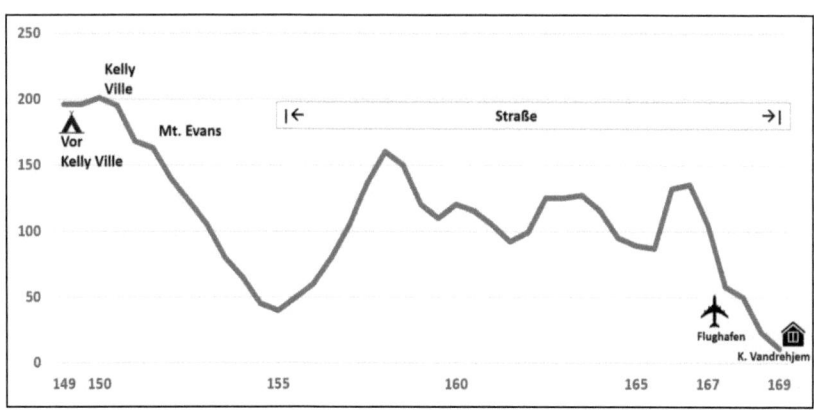

Höhenprofil dieser 20-km-Etappe

Arctic Circle Trail

Überblick Arctic Circle Trail

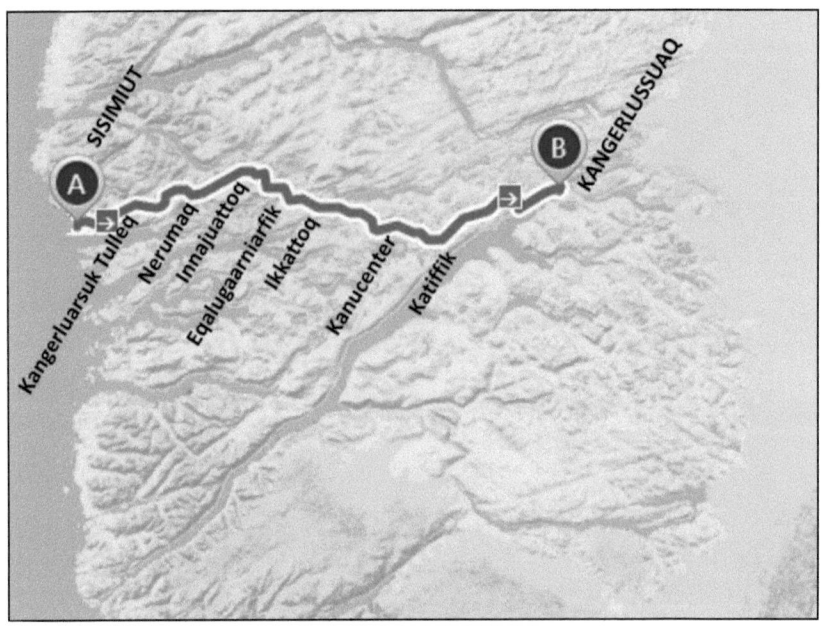

Gesamtstrecke mit Hütten

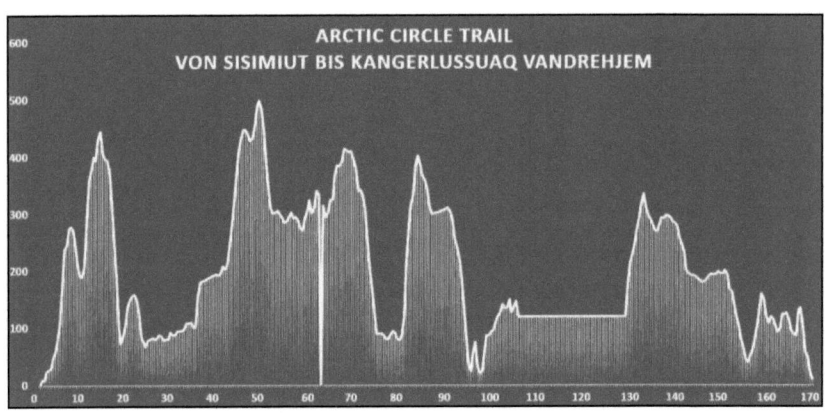

Gesamtstrecke Höhenprofil

Arctic Circle Trail

Sightseeing Kangerlussuaq

| Supermarkt | Kangerlussuaq-Museum | Kiosk | Polar Bear Inn |
| Grillhouse | Jägermeister |

Es regnet. Aber das macht fast gar nichts. Der ACT ist gestern erfolgreich beendet worden; das heißt, dass wir uns heute einen Gammeltag redlich verdient haben. Vom leckeren Frühstück in der Flughafen-Cafeteria trennen uns aber erstmal 2 km Fußmarsch um die Landebahn herum. Naja, ohne Gepäck ist der kurze Spaziergang zu verschmerzen.

 Kangerlussuaq

Die Siedlung Kangerlussuaq liegt an der grönländischen Westküste am Ende des ca. 170 km langen Kangerlussuaq-Fjordes 50 km nördlich des Polarkreises in der Gemeinde Qeqqata. Unmittelbar neben dem Ort vereinigen sich die beiden Abflüsse aus dem 25 km entfernten Inlandeis, nämlich Akuliarusiarsuup Kuua und Qinnguata Kuussua und münden als Watson River in den Fjord.

Kangerlussuaq – was „großer Fjord" bedeutet – ist auch unter seinem alten dänischen Namen Søndre Strømfjord oder bis in die 90er Jahre als US-Militärbasis Bluie West Eight bekannt Der heutige Flughafen ist der größte in Grönland. Über ihn wird fast der gesamte Luftverkehr nach Europa abgewickelt, wobei die wichtigste Flugverbindung die zum Flughafen Kopenhagen ist. K. dient als Drehscheibe für alle Inlandsflüge (z.B. nach Sisimiut, Ilulissat, Thule).
Das heutige K. ist sehr eng an den Flughafenbetrieb gebunden, wobei die meisten der etwa 540 (Stand 2019) Einwohner in irgendeiner Weise hier beschäftigt sind. K. wird durch die Piste zweigeteilt: die ursprüngliche Siedlung auf der einen sowie die ehemalige Militärbasis auf der anderen Seite. Nachdem die Basis geschlossen wurde, wurden die Baracken weiter genutzt. Dementsprechend bietet sich das Straßenbild dar.
Linienschiffe verkehren keine mehr nach K., es gibt jedoch ca. 20 km entfernt einen Hafen, an dem Kreuzfahrtschiffe anlegen können.
Die östlich von K. gelegene Eiskappe ist über eine 35 km lange Schotterpiste erreichbar. Der nächstgelegene Punkt ist Russells Glacier, ein weiterer der Aussichtspunkt Point 660.
Unterkünfte: das Flughafen-Hotel, zwei Hostels, ein bis zwei Guesthouses und ein Campingplatz.
Essen kann man in der Cafeteria des Flughafens (sehr gut), im Hotelrestaurant sowie in einigen kleineren Buden. Im einzigen Supermarkt direkt gegenüber des Flughafengebäudes kann man sich bestens selbst versorgen.

In der Cafeteria kommen wir mit einer Dame ins Gespräch, die auf dem Weg in die Hauptstadt Nuuk ist und auf ihren Anschluss-Flieger wartet. Sie ist Krankenschwester und quasi dienstverpflichtet worden, in der mit Pflegekräften stark unterbesetzten Hauptstadt Grönlands das Krankenhauspersonal für 3 Monate zu unterstützen. Danach geht es wieder zurück in die Heimat nach Dänemark.

Nach dem Frühstück suchen wir den Supermarkt auf, der heute endlich geöffnet hat. Das Sortiment ist relativ normal – mal abgesehen von Jagdgewehren und Munition direkt im Eingangsbereich. Da sieht man, wie die Prioritäten hierorts gesetzt sind. Spezielle Nahrung für Wandertouren gibt es nicht. Wäre vermutlich auch zu teuer.

Ein paar Kekse, 2 kleine Flaschen einer Art Malzbier und etwas Brot und Käse wechseln in unseren Besitz über. Auf dem Rückweg zum Vandrehjem entdecken wir einen Kiosk, mehr ein Mini-Supermarkt, quasi direkt nebenan. Der ist für Kleinigkeiten eine echte 2-Kilometer-lange Alternative zum Supermarkt.

Das Wetter hat sich nicht gebessert. Seit dem Morgen regnet es ohne Unterlass. Das ist eine günstige Rechtfertigung, den neu entdeckten Hobbies zu frönen: Essen, Trinken und Herumlungern in Endlosschleife.

Die drei Jungs machen sich wieder auf zum Flughafen und hoffen, den vermissten Rucksack endlich zu bekommen. Falls er dort ist, wollen sie gleich vom Flughafen aus auf den ACT starten.

Cara hat heute ihre Tour zum Russells Gletscher und wird um 14 h von ihrem Guide abgeholt. Dafür herrscht momentan nicht gerade das Traumwetter. Aber die Kohlenminen-Managerin hat ein sonniges Gemüt und wird das Beste draus machen.

In der Nähe des Vandrehjems befindet sich auf dieser Seite der Landebahn das Kangerlussuaq-Museum. Es sollte in diesem Moment geöffnet haben, aber um 15 h wieder schließen. Kurzentschlossen raffen wir uns aus der Lethargie auf. Tja, es ist aber doch zu, ohne vorher offen gewesen zu sein. Was man so durchs Fenster erhaschen kann, scheint es für Nicht-Militaristen auch nicht übermäßig interessant zu sein. Der Sohn bringt den Vorschlag ein, alternativ nochmal den Supermarkt am Flughafen zu beehren. Auf dem Weg dorthin kommt uns das Trio um Matthias mit enttäuschten Mienen entgegen: Es hat wieder keinen Rucksack gegeben. Die Jungs müssen jetzt einen Plan schlachten. Das wollen sie in den heiligen Hallen des Vandrehjems wohl auch gleich tun.

Mein Telefon klingelt als wir mit kleinen Einkäufen beladen bereits wieder auf dem Rückweg zur Unterkunft sind. Guide-to-Greenland meldet sich und bestätigt meine Umbuchung der Gletschertour. Ursprünglich war geplant, uns zum Gletscher zu bringen, nach der Führung dort den restlichen Tag und die Nacht verbringen zu lassen und uns am nächsten Tag wieder abzuholen. Der Übernachtungspart wurde wegen des zu dünnen Schlafsacks gestrichen und so vereinbaren wir einen Termin für morgen für die eintägige Version. Für die werden wir dann um 14 h direkt vom Vandrehjem abgeholt.

 Kangerlussuaq Museum

Als integrierter Teil des Flughafens in Kangerlussuaq liegt das Kangerlussuaq Museum quasi mitten auf dem Flughafengelände.

Von hier aus wurde von 1960-62 das Kommando geführt, und die Zeit als amerikanische Air Base bestreitet einen Großteil der Ausstellung. Zudem wird die grönländische Luftfahrt vor, während und nach dem Zweiten Weltkrieg beleuchtet. Kangerlussuaqs Stadtgeschichte geht auf die Errichtung der US-Airbase im Jahre 1941 zurück, während die umgebende Landschaft seit mehr als 4000 Jahren für die Jagd genutzt wird.

Andere Themen der Ausstellung drehen sich um die regionale Geschichte und die Entwicklung von den ersten Sommersiedlungen der Inuit bis heute.

Es regnet immer noch. Im Vandrehjem macht sich Langeweile breit; alles lungert auf den Sofas im Aufenthaltsraum herum. Irgendjemand findet irgendwo ein Monopoly-Spiel. Felix, Matthias, Niklas und ich steigen ein, schachern um Tausende und haben für ein paar Stunden Spaß. Im Finale mit Niklas entscheidet Matthias das Match schließlich für sich.

Die Jungs hadern immer noch mit der Verzögerung ihrer Wanderung. Es steht im Raum, dass Matthias die Wanderung ohne seine Ausrüstung nicht antreten kann und in Kangerlussuaq etwa 2 Wochen auf die Rückkehr seiner Kameraden warten muss.

Niklas und ich beraten uns kurz und bieten dann Matthias Teile unserer Ausrüstung an, damit die Wanderung für ihn nicht ins Wasser fällt. Rucksack, Schlafsack, Isomatte und was man sonst noch so benötigt. Morgen Mittag soll ein letzter Versuch gemacht werden, des verschollenen Rucksacks doch noch habhaft zu werden. Klappt das wieder nicht, soll Matthias unsere Sachen nehmen. Da wir morgen zu der Zeit, wenn die Jungs am Flughafen sind, die Gletschertour machen, vereinbaren wir, die Ausrüstung auf eins der Betten in unserem Schlafraum zu legen. Reist der Rucksack ein, startet das Trio unmittelbar. Falls nicht, sollen sie sich bedienen. Sind die Sachen noch da, wenn wir zurückkehren, wissen wir, dass der eigene Rucksack endlich doch noch angekommen ist. Es ist Matthias anzumerken, dass er erleichtert ist, unsere Option im Bedarfsfall nutzen zu können. Und wir freuen uns, einem Mitglied aus der Gilde der Streckenwanderer aus der Bredouille helfen zu können.

Am Abend kehrt unser Kiwi-Girl Cara von ihrer Gletschertour zurück. Sie ist total begeistert vom ewigen Eis, auch wenn das Wetter doch zu wünschen übrig ließ. Wir sind schon auf morgen gespannt.

Cara ist total aufgekratzt und will noch was „erleben"! Und das hier, wo „weit ab vom Schuss" so was von untertrieben ist. Flughafen-Café und Supermarkt sind schon geschlossen. Der Kiosk nebenan auch. Das Polar Bear Inn - einer der beiden urbanen Brennpunkte - ist schon seit längerem zwangsgeschlossen, nachdem dort eine heftige Prügelei um ein Weibsbild stattgefunden hat. So sagt man zumindest. Mit welchen Folgen ist nicht überliefert. Das Restaurant „Roklubben" für den etwas gehobenen Anspruch direkt am Lake Ferguson ist 5 km außerhalb und womöglich noch nicht einmal geöffnet um diese Uhrzeit am späten Abend eines Montags. Ein Restaurant, dessen Schwerpunkt auf regionalen Speisen und Zutaten aus Meer und Land liegt ist auch nicht das, was sie sich so vorstellt.

Es gibt aber noch eine schwache Hoffnung: Das Café 57 alias Pizzaria-Thai-Grillhouse nur kurz über die Straße und etwa 150 m entfernt und beheimatet in einem der von den Amis übernommenen Wohncontainer (Nr. B1769). Man betritt den Container durch einen schmalen Eingang und gelangt zunächst in die Grillküche mit ein paar Tischen und Stühlen. An den Wänden hängen Fotografien diverser, hauptsächlich amerikanischer Musikgrößen wie etwa Mr. Elvis. Der Grill bietet tatsächlich schmackhafte Gerichte (z.B. Pizza, aber auch das empfehlenswerte Moschusochsen-Curry) auch zum Mitnehmen.

Wer sich weiter in den nächsten Raum wagt, steht dann in der schwach beleuchteten Kneipe, in der sich die Dorfschönheiten treffen, den Lokalmatadoren Drinks abschwatzen und dann beim Pool Billard anfeuern.

Die gediegene Einrichtung der Bar rekrutiert sich aus den verschiedenartigsten Epochen der Möbelindustrie: Da stehen niedrige unspektakuläre Couchtische umringt von Potpourris vom Sperrmüll entführter Sessel und Sofas im Verein mit selbstgezimmerten Stehtischen aus Kabelrollen-Kernen. Am anderen Ende des ca. 10x20 m großen Raumes befindet sich eine kleine Bühne für Live-Musikdarbietungen. Instrumente inklusive Schlagzeug muss man anscheinend nicht mal mitbringen – die stehen schon da herum. An der Wand prangt, dem Lokalkolorit entsprechend – ein Eisbärfell. Die übrigen Wände sind wie die Essecke der Grillküche mit schwarz-weiß Fotografien diverser Musiker dekoriert. Zwei speckige Pool Billardtische und ein Kickertisch geben dem Ambiente einen sportlichen Touch.

Das Highlight stellt die halbrunde Bar an der rechten Längswand dar, die zahlreich von drei jungen Frauen und vier Männern bevölkert wird. Bunte Lichterketten und Fan-Schals von Manchester United und FC Arsenal sorgen für internationales Flair. Eine reichhaltige Auswahl an Spirituosen in Griffhöhe des Barkeepers folgt der Linie des Tresenhalbrunds. Von unserer in Beschlag genommenen Sitzlandschaft aus entdeckt Matthias in dieser Flaschenbatterie sogar den bekannten deutschen Kräuterlikör mit dem Hirschkopf im Logo. Cara kennt das Zeug überhaupt nicht. Nach einigen Erklärungsversuchen wird sie neugierig, insbesondere als Matthias auf den das komplette Etikett umgebenden Spruch zur Jägerehre verweist:

Das ist des Jägers Ehrenschild, dass er beschützt und hegt sein Wild, weidmännisch jagt, wie sich's gehört, den Schöpfer im Geschöpfe ehrt.

Diese erste Strophe eines Gedichts von Julius Riesenthal (s. Anhang) gibt den Ausschlag, eine Runde dieses braunen Gesöffs zu schmeißen. Später meint Matthias, das sei die teuerste Runde Schnappes seines Lebens gewesen. Den übrigen Durst löschen wir mit Øl (Bier) zum Happy-Hour-Tarif von 100 DKK für drei Flaschen. Wir haben noch reichlich Spaß an diesem Abend und verlassen das gastliche Etablissement gegen 23 Uhr Ortszeit.

Café 57 – Cara, Niklas und Matthias im Bar-Teil des Etablissements

Ice Cap und Russells Gletscher

| Jens | Tatiana & Eugene | Watson River |Ice Cap | Russells Gletscher |
| Sonnenuntergang |

Heute ist der Tag der Gletschertour. Da der Guide erst um 14 h auf der Matte stehen wird, haben wir den ganzen Vormittag zur freien Verfügung. In urlaubskonformem Tempo schlendern wir vom Bett zum Bad und retour und lassen uns Zeit bei der Auswahl aus der reichhaltigen Garderobe. Dabei behalten wir immer das Ziel „Caféteria" im Auge. Was sind schon 2 Kilometer für einen (oder zwei) Kaffee? Vorher ist noch eine Sache zu tun, nämlich die Ausrüstung für Matthias auf eines der Betten bereitzulegen.

Das Frühstück – in der Hauptsache braun, heiß und flüssig – wird also im Flughafen eingenommen. Da der Supermarkt direkt gegenüber liegt, käme es einem Frevel gleich, diesem unsere Aufwartung zu verweigern. Auf dem Rückweg zum Vandrehjem kommt uns das „Jägertrio des verlorenen Rucksacks" auf dem Weg zum letzten Versuch entgegen. Wir wünschen viel Erfolg und verabschieden uns schon mal prophylaktisch, denn wir werden sie so oder so nicht mehr wiedersehen. Kommt der Rucksack geflogen, geht es gleich vom Flughafen aus los. Andernfalls nochmal zum Vandrehjem und die Leihausrüstung holen. Wir werden in jedem Fall schon unterwegs zum Ice Cap sein. Hoffen wir das Beste. Zurück in der Unterkunft hängen wir noch ein wenig ab und warten.

Pünktlich um 14 h – wir stehen natürlich schon draußen vor der Tür – driftet ein jeepähnliches Gefährt über den Schotter neben der Asphaltdecke. Jens, der Tour-Guide, holt uns ab. Es geht auch sofort los, allerdings zunächst noch einmal zum Flughafen. Zwei Leute müssen noch eingesammelt werden, die auch eine Tour gebucht haben. Wir sind ja doch gespannt, wer da zusteigen wird.

Von den wenigen Menschen, die sich überhaupt in dem Flughafen-Innenhof befinden, sind da nur ein alter Mann und eine alte Frau, die einen wartenden Eindruck machen. Tatsächlich sind das unsere Mitausflügler, die den Innenraum des 4-sitzigen Gefährts erfolgreich an seine Kapazitätsgrenze bringen. Dem sich auf dem Beifahrersitz lümmelnden Niklas ist es egal, während es auf der Rückbank mit drei Personen kuschelig wird. Glücklicherweise sind Eugene und Tatiana von normaler Statur. Manchmal weiß man nicht so recht wohin mit dem einen oder anderen Arm, doch es wird schon gehen.

Wie sich herausstellt, haben die beiden Russen einen Tag Aufenthalt in Kangerlussuaq und warten auf ihr Schiff in die Antarktis. Die beiden sind gut drauf und gar kein Ehepaar wie wir zuerst vermuteten, sondern schlicht Arbeitskollegen. Die düsen nämlich in ihrer Eigenschaft als Ozeanographen ins südliche Eismeer.

Jens lenkt den Toyota-Geländewagen ortsauswärts auf eine Schotterpiste, die nach 35 Kilometern direkt am Rand des Inlandeises endet. Je weiter wir uns von Kangerlussuaq entfernen, desto holperiger wird die Trasse. Es herrscht allerbestes Wetter. Nach dem gestrigen Regentag wölbt sich nun ein weiter, nahezu wolkenloser blauer Himmel über uns. Kleine Seen und Tümpel, die vom Auto aus zu sehen sind, präsentieren sich im strahlendsten Blau, umgeben von bereits herbstlich verfärbter Tundra – Streicheleinheiten für sämtliche Farbrezeptoren der Retina.

Während der ersten Kilometer begleitet uns der Watson River, der die grauen Sedimente aus dem Gletscher zum Fjord transportiert. Nur etwa 500 Meter vom Vandrehjem entfernt kann man ihn über eine Autobrücke überqueren, wenn man zum Lake Ferguson will. Erst nachdem wir nach ca. 10 km den Sugar Loaf rechter Hand liegen lassen, entfernen wir uns langsam bis auf knapp 2 km vom Fluss und begleiten ihn bis zum Gletscher fast parallel.

Jens und Niklas unterhalten sich angeregt auf den vorderen Plätzen. Währenddessen wird hinten auf-Teufel-komm-raus während der Fahrt aus den Fenstern heraus fotografiert. Eugene und ich sitzen außen, Tatiana in der Mitte. Da ich glücklicherweise in Fahrtrichtung rechts sitze, quasi auf der unverbauten Talseite, brauche ich nur lässig den Arm aus dem Fenster zu halten und wahlweise auf die Auslöser von Handy- oder Digicam zu drücken. Umso bereitwilliger ducke ich mich unter Tatianas Objektiv weg oder versuche auf andere Weise meinen Gesichtserker aus Ihrem Sucher zu nehmen. Schon jetzt bittet Tatiana mich, ihr später, wenn wir wieder zuhause sein werden, meine Bilder von dieser Tour per E-Mail zu schicken und diktiert mir auch gleich ihre E-Mailadresse ins Handy.

Der fast wolkenfreie Himmel verleiht allen Wasserflächen eine fantastische blaue Farbe. Die Trasse führt an vielen Tümpeln, Teichen und Seen vorbei. An besonders schönen Stellen legen wir eine kleine Pause ein, um die Landschaft richtig auf uns wirken zu lassen. Das Farbenspiel von Wasser, Pflanzen und Eis ist beeindruckend schön. Die Sonne brennt noch warm vom Himmel herunter; ein laues Lüftchen rückt alles in den dunkelgrünen Wohlfühlbereich. Es ist einfach herrlich. Ein Augenschmaus, den man nicht so schnell vergessen wird. Ich bin froh, dass wir diese Tour auf die entspannte Art machen und nicht auf die sportliche – auf Schusters Rappen insgesamt 70 km (hin und zurück) über die Schotterpiste. Das ginge nur mit einer – wünschenswerten – Übernachtung vor Ort, was uns aber wegen des unzureichenden Schlafsacks verwehrt bleibt.

Stahlblaue Seen, herbstrote Pflanzen und das Weiß des Eises

Irgendwann versperrt mitten im Nichts ein mit einem Schloss gesicherter Schlagbaum die Weiterfahrt. Offensichtlich besitzen die Tour-Guides den Schlüssel zum Glück, denn Jens macht sich erfolgreich an dem Schloss zu schaffen, bugsiert den Wagen auf die andere Seite und schließt wieder hinter sich ab. Für wen, frage ich mich? Die Touristen besitzen keine Autos. Die sind bestenfalls mit dem Fahrrad unterwegs, so wie Benjamin oder der Kissendesigner. Allerdings gibt es tatsächlich ein paar Taxis in Kangerlussuaq. Möglicherweise sollen diese normal ausgelegten PKW vom weiteren Verlauf der steinigen und buckeligen Piste ferngehalten werden, damit sie nicht mit irgendwelchen Schäden liegenbleiben und zu Blockaden werden.

Seit einiger Zeit leuchtet am Horizont permanent ein weißer Streifen des Gletschers, dem wir nicht nur gefühlt immer näher kommen. Der Toyota hat auch schon bessere Zeiten gesehen. An einigen Steigungen mit größeren freiliegenden Felsen mitten auf der Trasse, muss Jens häufig bis zum Stillstand abbremsen, den ersten Gang reinknüppeln und zaghaft über spitze Felsen rollen.

Am äußersten östlichen Zipfel des großen Sees Aajuitsup Tasia macht die Piste eine deutliche S-Kurve in links-rechts-Kombination. Jens informiert uns, dass wir auf der Rückfahrt vom Ice Cap nachher genau hier den Wagen stehen lassen und zu Fuß zum Russells Gletscher gehen werden. Erst jetzt erschließt sich uns, dass wir mit der heutigen Tour das große Los gleich doppelt gezogen haben: Nicht nur, dass das herrliche Wetter mit allen fantastischen Ausblicken, die es ermöglicht, einfach nicht mehr zu überbieten ist, so kommen heute alle zahlenden Expeditionsteilnehmer auch noch in den Genuss praktisch zweier Touren zum Preis von einer. Wie sich herausstellt, haben Tatiana und Eugene die Gletscher-Tour gebucht und wir die Ice Cap-Tour. Bei der geringen Personenzahl hat man kurzerhand beschlossen, beide Ziele an einem Tag anzufahren.

So schlängeln wir uns weiter über den Schotter. Plötzlich taucht 200 Meter vor uns ein roter Kleinbus mit etwa 20 Passagieren auf. Überholen ist auf der Schmalen Piste nicht drin, zumal wir effektiv selbst auch nicht schneller als der Bus fahren können. Dann hält er plötzlich an und spuckt seine Insassen aus. Jens klärt uns auf, dass es hier eine lokale Sehenswürdigkeit noch aus der aktiven Zeit der Militärbasis gibt: Überreste eines oder zweier Düsenjets, die hier seinerzeit unplanmäßig und abrupt aus größerer Höhe zum Halten gekommen sind. Die Piloten konnten sich wohl retten, die havarierten Flieger wollte aber niemand bergen. Niemanden aus der Toyota-Gruppe drängt es, Schrott zu besichtigen und so nutzt Jens die Gelegenheit, an dem Bus vorbeizuzischen.

Mittlerweile tauchen immer häufiger leichte Spuren frischen Schneefalls auf – vermutlich aus der letzten Nacht. Das Eis ist schon zum Greifen nah. Über einige enge Kurven geht es ruppig und mitten durch eine kleine Seenkette von 205 bis auf 400 m hoch.
Dann ist auf einmal Feierabend. Die Schotterpiste endet hier in einem kleinen Wendehammer, damit sich die Transportgefäße der Tourveranstalter nicht unnötig gegenseitig behindern. Also, alles aussteigen und rauf aufs Eis.

So schnell geht es allerdings dann doch nicht. Vom Rand des Eises trennen uns nun noch 200-300 Meter gletscherner Schuttablagerungen. Vermutlich waren es bis vor Kurzem nur ein paar Schritte zwischen Wendehammer und Eisdecke, doch die Klimaveränderung macht sich auch hier bemerkbar und verschiebt solche Grenzen.

Auf der Endmoräne

Auf dem Inlandeis

Arctic Circle Trail

Diese Randzone ist hügelig; der Trampelpfad führt ein Stück weit an einer senkrecht abfallenden Eiswand entlang, an deren Fuß ein kaltgrauer Tümpel bereitwillig sich lösende Steine oder Eisbrocken aufnimmt. Oder auch unvorsichtige Touristen. Dann sind wir tatsächlich angekommen: Wir stehen im Schnee auf dem zweitgrößten Eisschild dieses Planeten, mit einer Mächtigkeit von bis zu 3400 m und durchschnittlich 2000 m Dicke. Nur noch übertroffen vom Antarktischen Eisschild. Vor uns gibt es nur blendendes Weiß und tiefblauen Himmel. So weit das Auge reicht – und darüber hinaus. 2,85 Millionen Kubikkilometer Eis liegen seit Urzeiten (seit fast 3 Millionen Jahren) hier herum. Diese Dimensionen sind nur schwer vorstellbar und umso beeindruckender – besonders, wenn man mitten drin oder drauf steht. Die Oberfläche des Eisschilds ist nicht etwa glatt, wie man vielleicht annehmen könnte. Vielmehr ist sie unruhig mit Erhebungen von bis zu 15-20 Metern – zumindest hier am Rand.

Jens hält für jeden ein Paar einfacher Schneeschuhe parat. Das sind ovale Metallringe mit mehreren Gummiverstrebungen. Niklas ist Tatiana beim Anlegen der Dinger behilflich. Wir erklimmen einige der Hügelchen, bis die ganze, unendlich scheinende weiße Pracht sich vor unseren Augen ausbreitet. Ein erhebendes Gefühl – Eis bis zum Abwinken. Und wenn ich mir dann noch vergegenwärtige, dass der Eispanzer unter meinen Füßen mindestens 2 Kilometer dick ist... unfassbar!

Jens hat noch eine Überraschung in seinem Rucksack. Er zerrt eine Drohne ans Tageslicht, die uns kleine Menschlein vor dem imposanten, eisigen Hintergrund aus der Luft fotografieren soll. Später will er uns die Bilder per E-Mail zukommen lassen. *(Hat er aber nicht getan, der Sack!)*

Mittlerweile hinterlassen auch die Ausflügler aus dem Tour-Bus ihre Spuren im Schnee. Eine weitere kleine Gruppe ist mit Schlitten unterwegs, auf denen das notwendige Zeug für einen Ausflug mit Übernachtung auf dem Gletscher übers Eis gezogen wird. Ohne Hunde, versteht sich!

Ein fröhliches „Hallo!" lässt mich herumfahren und wie aus dem Eis emporgeschmolzen steht Benjamin aus dem Vandrehjem vor mir – mit seinem Fahrrad an der Hand. Auch er hat sich bei diesem herrlichen Wetter für die Eistour entschieden und bittet mich, ihn und sein Bike digital zu verewigen.

Ich genieße diese beeindruckende und so fremde Umgebung. Endlose Weiße – sonst nichts. Kein Baum (in Grönland sowieso nicht), kein Strauch – noch nicht mal Fels. Bar jeglichen Lebens, aber faszinierend. Unter der gleißenden Sonne, die aus dem stahlblauen Himmel herunterbrennt, legen wir noch ein paar hundert Meter auf dem buckligen Eisschild zurück.

* * *

Das zweite Ausflugsziel ruft. Jens trommelt seine kleine Herde zusammen und wir verlassen den Eisschild auf demselben Weg, den wir gekommen sind. Es ist immer noch brüllend warm. Zu warm für die Jahreszeit. Es bleibt bei der alten Platzverteilung in der Toyota-Schüssel. Wie auf dem Hinweg angekündigt, wird an der weiter oben beschriebenen S-Kurve eine Snackpause eingelegt. Hier gibt es auf einem kleinen Hügel Tisch und Bänke, von wo aus man einen herrlichen Blick zwischen zwei herbstlich gefärbten Hügeln hindurch direkt auf den Eisschild hat. Und es herrscht tiefe Stille. Mal abgesehen vom etwas hektisch werkelnden Jens, der innerhalb weniger Minuten ein komplettes Picknick aus seinem Allrad-Vehikel hervorzaubert: Zwei große Thermoskannen mit Tee und Kaffee, riesige Weißbrotkniften in Frischhalteboxen – die Brote belegt mit Spie-

gelei und Schinkenspeck. Als Amuse Gueule dienen runde Eiswaffeln in der Dose – die perfekte kleine Gaumenfreude als Abschluss. Mann, welch ein Gelage!

Jens drängt ein wenig zum Aufbruch; es ist schon früher Abend und wir sind noch längst nicht am Gletscher. Um diesen letztlich zu erreichen, müssen wir noch ein paar hundert Meter weiterfahren und dann knapp 2 km über einen Hügel stiefeln. Unsere Körper werfen schon lange Schatten auf das rotbraune

ⓘ Russells Gletscher

Etwa 25 km östlich von Kangerlussuaq entfernt liegt der Russells-Gletscher, ein beeindruckender Anblick mit vertikalen Eiswänden, die bis zu 60 Meter hoch sind. Er ist aktiv und rückt jedes Jahr 25 m vor und ist aufgrund der einfachen Erreichbarkeit ein beliebtes Touristenziel.

Der Eisschildabfluss, der im Russells Gletscher endet, wird von Norden durch das Tundrahochland von Isunngua und von Süden durch den abgeflachten Kamm von Akuliarusiarsuk begrenzt. Mehrere Schmelzwasserabflüsse von der Gletscherbasis bilden den Fluss Akuliarusiarsuup Kuua von Westen nach Südwesten und nach Kangerlussuaq fließt. Das Sandbecken des Abflusses, der das gleichnamige Tal (dänisch: Sandflugtdalen) bildet, ist sehr flach - flach genug, um mehrere Kilometer lange Treibsandfelder zu bilden.

Direkt westlich des Gletschers befindet sich mit einer Ausdehnung von 2x10 km der See Aajuitsup Tasia. Die Schmelzwasserflüsse Qinnguata Kuussua. und der direkt vom Russells Gletscher kommende Fluss Akuliarusiarsuup Kuua fließen am östlichen Rand der Siedlung Kangerlussuaq am Ende des Kangerlussuaq Fjords im Watson River zusammen.

Gras. Die Zeit der Mitternachtssonne ist zwar schon vorbei, aber die Tage sind dennoch lang. Die Sonne steht schon tief und wir beeilen uns, bei einigermaßen Licht zum Gletscher zu kommen. Niklas und ich gehen zügiger voraus. Tatiana und Eugene fallen etwas zurück und Jens bleibt in deren Nähe. Wie wir unterwegs von Eugene unter dem Siegel der Verschwiegenheit erfahren haben, hat Tatiana bereits 79 Sommer gesehen. Respekt! Das sieht und merkt man ihr wahrhaftig nicht an. Und Eugene zählt auch schon 72 Lenze.

Ganz plötzlich, von der Hügelkuppe aus, drängt sich die Eisformation ins Blickfeld. Die wilde Oberfläche endet abrupt in einem 50-60 m hohen Abbruch. Man kommt über gewachsenen Fels und durch Schmelzprozesse herbeigeschwemmte Findlinge sehr nah an den Gletscher heran, nur getrennt durch den Schmelzwasserabfluss. Die Abbruchkante ist imposant. An einer Stelle neigt sich ein riesiges Tortenstück bedenklich Richtung Fluss – bereit zum Kalben. Das tut es während unseres Aufenthaltes hier und heute leider nicht. Wir hätten uns gerne länger hier aufgehalten und die Nacht hier verbracht und den abstürzenden Eisbrocken gelauscht. Andries, der Belgier, hat es so gemacht und berichtet, dass der Gletscher permanent aktiv ist und knackende Geräusche fabriziert. Wenn dann tatsächlich ein Brocken mit Getöse abgeht, sollte man sein Zelt besser in geeigneter Entfernung errichtet haben. Oberhalb der Felsen und immer noch in direkter Nähe des Gletschers gibt es reichlich Möglichkeiten, auf weichem Boden zu zelten. Nachts war es allerdings ziemlich kühl in Gletschernähe, meinte Andries. Somit war der Entschluss, diesen ursprünglichen Plan wegen des unzureichenden Schlafsacks zu kippen, der richtige.

Die Lichtverhältnisse sind nicht gut für schöne Fotos „auf die Schnelle". So saugen wir die Atmosphäre gierig in uns auf und konservieren sie inwendig, auf dass wir uns noch in Jahrzehnten genauso daran erinnern können wie wunderbar es heute war.

Tatiana und Eugene genießen die Aussicht vom Grasland aus – sie wollen nicht über die Felsen hüpfen. Wer soll es ihnen verdenken? Schließlich sammeln wir uns und gehen geschlossen über den Hügel zurück Richtung Benzinkutsche. Auf dem letzten Stück abwärts hält Mutter Natur ein besonderes Abschiedsgeschenk in TechniColor und Breitwand parat: Der gerade über der Bergkette am Horizont hängende Sonnenball spiegelt sich derart malerisch im Aajuitsup Tasia-See, dass es einem die Füße weghaut.

Dieser Abschluss einer grandiosen Tour ist einfach nicht zu toppen.

Ende eines wundervollen Tages

Die Erlebnisse der letzten Stunden waren so beeindruckend, dass die Wortbeiträge während der Rückfahrt hauptsächlich von Jens kommen. Er erzählt uns viel über sich und seine Familie, wie er von Schweden nach Grönland gekommen ist und über die Menschen in Kangerlussuaq, wo jeder jeden zu kennen scheint. Als Niklas ihm von unserer Begegnung mit dem einsamen Jäger am Ende des ACT erzählt, der auf seine Frau Nini gewartet hatte, erleben wir die geheimnisvolle Vernetzung der Grönländer aufs Neue. Nini sei seine beste Freundin, meint er. Seine und ihre Tochter gehen gemeinsam in den Kindergarten. Die beiden Familien kennen sich sehr gut. Wir wissen nicht, wen Nini vor ein paar Tagen versucht hat, anzurufen, um uns eine Mitfahrgelegenheit zu organisieren. Es kann durchaus sein, dass dieser Jemand unser Jens gewesen ist.

Die Flughafen-Cafeteria konnte bisher noch immer keinen Musk-Ox-Burger an uns loswerden. Das hatten wir als krönenden Abschluss heute Abend vorgesehen. Nun ist es allerdings schon kurz vor 21 h. Der fürsorgliche Guide karrt uns statt zum Vandrehjem bis vor den Eingang der Cafeteria und geht sogar noch mit hinein, um unser Ansinnen gegebenenfalls zu unterstützen, aber die Küche ist schon kalt. Da kann man nix machen. So bringt er uns doch noch heim ins Hjem, wo sich sicherlich irgendwelche Lebensmittelreste erbarmen, von uns verschlungen werden zu dürfen. So ist es denn auch.

Außerdem stellen wir fest, dass die Leih-Ausrüstung für Matthias noch auf dem Bett liegt. Das bedeutet, dass es heute doch noch geklappt hat und Air Greenland das vermisste Gepäck endlich beibringen konnte. Das ist auch gut für Matthias; mit der eigenen Ausrüstung zu hantieren ist natürlich immer besser. Die Jungs sind also auf dem ACT. Cara hat sich auch heute im Laufe des Tages auf den Weg gemacht. Wie wir später erfahren werden, haben sie sich schon bald getroffen und sind den Rest des Weges zusammengeblieben.

Für uns hat der lange Tag nun ein Ende. Morgen wird Benjamin wahrscheinlich auch wieder hier anlanden und einen neuen Fahrrad-Ausflug planen. Andries wollte zur Katiffik-Hütte, dort übernachten und dann auch wieder zurückkommen. Seine Erkältung hat ihn stark gebeutelt, dass er sich den kompletten ACT körperlich nicht mehr zutraut; zumal er auch allein unterwegs ist. Also, ab in die Falle. Morgen werden wir es ruhig angehen lassen.

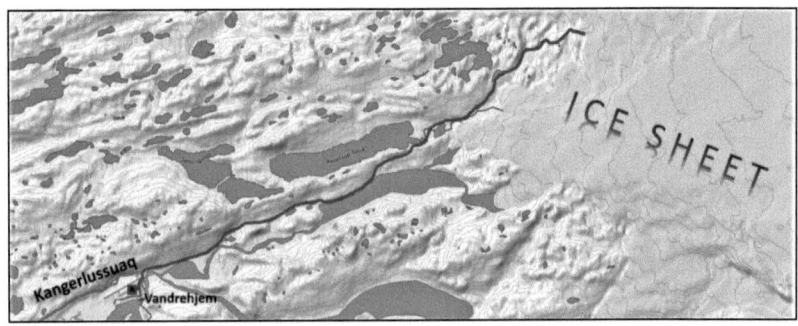

Fossilsletten

| Albatros-Tours | Donnerkeile | bunte Steine | Wildgänse |

Heute gibt's kein großartiges Programm. Es ist wieder ziemlich warm, was den Unternehmungsgeist nachhaltig in träge Stimmung versetzt. Ich begrüße es, einen chilligen Tag einzulegen und nicht gleich wieder auf Achse zu sein.

Außerhalb von Kangerlussuaq, Richtung Kelly Ville, am Ende der Landebahn, quasi direkt hinter den Leuchtfeuern, liegt Fossilsletten. Zwischen Ort und Fjord breitet sich – eingebettet zwischen angrenzendem, steilem Bergrücken und Wasser des Fjords – eine etwa 2 km lange zementgraue Fläche aus. Hier soll man – wie der Name vermuten lässt – Fossilien finden können. Ein bißchen was wollen wir schon unternehmen und nicht nur auf der faulen, knitterigen Haut liegen – aber möglichst anstrengungsfrei. Da bietet sich ein Spaziergang zur Fossilienstätte geradezu an.

Wir folgen der Straße stadtauswärts Richtung Kelly Ville und biegen irgendwann etwa auf Höhe der halben Landebahn links auf eine Schotterpiste mit Namen Tulugaq ab. Nach ca. 100 m wählen wir an der Gabelung den rechten Ast. Der Name passt kaum aufs Straßenschild: Ujarannguunnikunut. Die staubtrockene Schotterstrasse führt an vereinzelt stehenden Gebäuden und jeder Menge Gross-Container vorbei. Manche Container sind individuell verschönert worden, z.B. mit einer ganzen Reihe Rentiergeweihen obendrauf. Muß man mögen!

 Fossilsletten

Gebiet außerhalb Kangerlussuaqs im Anschluss an die Landebahn des Flughafens. Diese Ebene (dän.: slette) reicht von Kangerlussuaq bis zum Fjord.

Vor etwa 12.000 Jahren befand sich hier ein Gletscher, der langsam geschmolzen ist. Danach war dieses Gebiet Meeresboden. Im Laufe von mehreren tausend Jahren hoben immer mehr Sedimente, die aus dem Inlandeis fortgespült wurden, das Land aus dem Wasser. In dieser Zeit hat der Druck durch Sedimente und Wasser totes organisches Material wie Fische und Muscheln konserviert, die sich nun als Fossilien finden lassen.

Ujarannguunnikunut endet irgendwann. Wenn man sich jetzt halblinks hält, läuft man geradewegs auf ein hügeliges, lehmiges Labyrinth aus Sandstein und Ton zu. Die Oberfläche über dem ganzen ist zwar eben wie ein Brett, allerdings ist die gesamte Fläche durchzogen von 2-5 m hohen

Gräben und Rinnen. Der Boden ist lehmartig und haftet hervorragend an den Schuhsohlen. Binnen kurzem ist man um mindestens 10 cm gewachsen und die Füße sind schwer wie sonst was.

Die Sonne brennt erbarmungslos aus einem wolkenlosen Himmel. Wahrer archäologischer Elan will sich nicht einstellen. Im weltweiten Netz findet man häufig Bilder von interessanten Fossilien, die hier gefunden worden sind, aber die kullern einem in der Regel nicht einfach so vor die Füße. Dazu muss dann tatsächlich schon ein wenig im Lehm wühlen. Aber das ist heute keine Option für uns. Der Plan sah vor, aus einer reichlichen Beute von Donnerkeilen* eine Kette ähnlich einer aus Bärenkrallen zu fertigen (*Donnerkeile – oder Teufelsfinger – stammen von einer Groß-gruppe diverser Kopffüßler, die vor etwa 358 bis vor 66 Millionen Jahren auf diesem Planeten existierten und sind länglich-zylindrische, stromlinien-förmige, massive Skelettelemente von der Spitze der Kopffüßler, auch Belemniten genannt.)

Damit wollte ich augenfällig der Welt meine außergewöhnliche Tapfer-keit beim Schlammwühlen entgegenschreien. Aus der obigen Schilderung geht allerdings hervor, warum dieser Plan ziemlich zeitig sang- und klang-los – und ohne großes Bedauern – beerdigt wurde. Also bleibt es bei einer handverlesenen Ausbeute kleiner, hübscher Steine.

Fossilsletten - mittendrin

Arctic Circle Trail

Auf dem Weg zurück zur City geraten wir fast in einen Schwarm grauer Wildgänse – auf dem Boden. Die watscheln erst von uns weg, aber dann ist es wohl doch sicherer, schnell an Höhe zu gewinnen und ein paar hundert Meter weiter wieder zu landen. Wir kommen an wenigen, vereinzelt stehenden Häusern vorbei. Eins davon scheint die Zentrale von „Albatros – Arctic Circle" zu sein, ein Veranstalter für diverse Ausflüge und Unternehmungen in die Umgebung von Kangerlussuaq. Hier stehen zwei große Busse herum – einer davon ein alter amerikanischer Schulbus – die einen ausrangierten Eindruck vermitteln. Ich kann mir kaum vorstellen, dass diese langen Karren es über die Buckelpiste zum Eisschild schaffen. Etwas später, als wir bereits den Flughafen wieder erreicht haben, dürfen wir die Ankunft des High-End-Offroaders von Albatros Tours miterleben: ein vierachsiger, hochbeiniger, rundumverglaster Touristencontainer der oberen Klasse. Er karrt vorzugsweise Leute aus meiner übernächsten Generation bequem gefedert durch die Landschaft.

Albatros – Luxus-Tourbus

Vor dem Supermarkt haben zwei einheimische Jäger die vorgestern noch als Flohmarkttisch genutzten, zusammengedengelten Euro-Paletten kurzerhand in einen Marktstand für fangfrischen Wal umgemünzt.

Das tiefrote und sehr homogene Fleisch sieht schon sehr appetitlich aus. Das findet wohl auch eine Frau, die nicht nur von dem Fleisch kauft, sondern auch von der speckigen Wal-Haut, dem Mattak. Sie erklärt uns, die wir neugierig stehengeblieben sind, dass Mattak sehr reich an Vitamin C ist. Sieht allerdings nicht ganz so lecker aus, und so betreten wir erstmal den Supermarkt. Das heutige Abendmahl, das wir aus der Thai-Grill-Bar requirieren wollen, soll durch dieses merkwürdige, aber süffige Malzbier (Kongens Bryg Hvidtøl; ein dunkles alkoholschwaches süßes Bier) versüßt werden, das wir gestern schon einmal genossen haben. Die freundliche Kassiererin von nebenan will uns Gutes tun, indem sie uns begriffsstutzigen Touristen umständlich klarzumachen versucht, dass hierbei absolut kein

Alkohol im Spiel ist und das Zeug nun wirklich überhaupt nicht reinknallt. Wir bestätigen, die Gebrauchsanleitung (Angabe des Alkoholgehalts) sorgfältig studiert und uns klaren Verstandes und in voller Absicht dazu entschlossen haben, uns heute mal nicht ins Koma zu saufen. Ihr skeptischer Blick spricht Bände, doch wir bleiben hart und erwerben gleich 4 der 0,3-Liter-Flaschen. Dieses Gelage wird das Moschusochsen-Curry erheblich aufwerten. Garantiert!

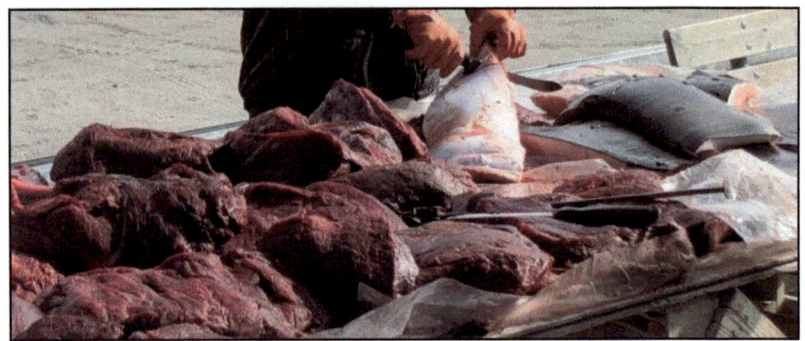

Fangfrischer Mink-Wal

Abends ist es dann soweit. In der Grill-Bar bestellen wir 2x Musk-Ox Curry und erhalten Bauarbeiter-Portionen in Form von 4 großen Alu-Schalen (jeweils ca. 1 Liter Fassungsvermögen): 2x Reis und 2x Fleisch. Zurück im Vandrehjem wird gespachtelt, bis der Nabel glänzt. Ich habe brav für gutes Wetter morgen gesorgt und meine Behälter quasi ausgeleckt. Ich bin pappsatt. Niklas hat sich die Hälfte für später aufgehoben.

Der Plan für morgen sieht einen Ausflug zum Lake Ferguson vor. Der liegt ein wenig südöstlich von Kangerlussuaq. Wir müssen nur die Brücke über den Watson River passieren und ein paar wenige Kilometer entlang einer Schotterstraße zurücklegen bis zum Restaurant Roklubben direkt am See. Dann werden wir weitersehen.

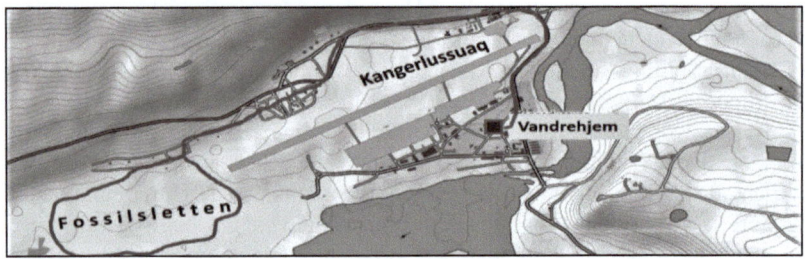

Lake Ferguson

| Treibsand | Restaurant „Roklubben" | Watson River | Qaarsorsuaq |
| Tasersuatsiaap Kinginnera | Moschusochsen-Burger |

Die Umgebung von Kangerlussuaq bietet eine Menge Ausflugsmöglich-
keiten, die man entweder aus eigener Kraft erwandern oder erradeln, oder
aber mit Albatros bzw. Visit-Greenland geführt ertouren kann. Sei es das
Ice Cap oder die beiden auf gleicher Höhe mit dem Russells Gletscher
westlich davon liegenden großen Seen Sanningasoq und Aajuitsup Tasia,
an denen Jens uns auf dem Weg zum Ice Cap entlang gefahren hat, oder der
Höhenzug des Akuliarusiarsuk zwischen Kangerlussuaq und dem Ice Cap.
Am Fuß des Akuliarusiarsuk, etwas vorgelagert, befindet sich der Sugar
Loaf - der Zuckerhut. Von dessen 353 Meter hohem Rundrücken hat man
einen schönen Blick auf die 10 km entfernte ehemalige Militärbasis.
Der über 30 km langgestreckte See Qinnguata Kuussua im Osten, der aus
den Abflüssen des Ice Cap genährt wird, verjüngt sich von Ost nach West
auf Flußbreite und mündet zusammen mit dem Akuliarusiarsuup Kuua als
Watson River in den Kangerlussuaq Fjord.

Wer sich länger als einen Tagesauflug von seiner Unterkunft in Kangerlussuaq entfernen will, hat die Möglichkeit, zig Kilometer weiterer Wanderrouten rund um die Windrose zu begehen. Nördlich von Kangerlussuaq ruft
die 1000-Seen-Platte, im Süden z.B. die Bergmassive Ammalortup Nunaa,
Perserajut oder Pinguarsuk. Gegend gibt's reichlich.

Der Lake Ferguson – oder Tasersuatsiaq - stellt sich auf der Landkarte als
ein fast regelmäßiges Rechteck mit Kantenlängen von 6 und 2 km dar. Er
ist an seinem Westende durch eine nur knapp 1000 m breite Landbrücke
vom großen Fjord getrennt und liegt eingebettet zwischen den umgebenden
Höhen des Qaarsorsuaq (max. 330 m), des Ammalortup Nunaa (max. 720
m) und des Tasersuatsiaap Kinginnera (max. 600 m).

Wir starten am Vandrehjem, das nur etwa 500 m von der Brücke über den
Watson River entfernt liegt. Von der massiven Brücke hat man in beide
Richtungen schöne Ausblicke auf markante Felsauswaschungen: Richtung
Landesinnere hat der Fluss einen Canyon gegraben, Richtung Fjord liefern
die Auswaschungen an den flach liegenden Felsen bei tiefstehender, lange
Schatten werfender Sonne starke Strukturen.

Ab der Brücke führt eine Schotterstraße über 3-4 km bis zur Nord-West-Ecke des Lake Ferguson, an der sich das Restaurant „Roklubben" befindet. Der See ist sehr malerisch und es wundert kaum, dass die GIs während der aktiven Zeit der Air Base genau hier ihren Ruderklub hatten. Das ehemalige Clubhaus beherbergt heute das Restaurant „Roklubben" (Ruderklub).

Die Piste bemüht sich zwar, nah am Fjord zu verlaufen, beschreibt dann aber im Mittelstück einen ausgeprägten Bogen landeinwärts; vielleicht auch, um den Treibsandfeldern, die hier teilweise den Rand des Fjords bilden, ein wenig auszuweichen. Tatsächlich warnen Schilder vor gefährlichem Treibsand.

Wir erreichen den See und das Restaurant Roklubben, folgen der Schotterpiste noch ein Stück um das Westufer des Sees herum bis sie nach ca. 1,5 km endet. Bis hierher konnten wir einige private Häuser bewundern, die bis dicht ans Seeufer errichtet worden sind. Natürlich dienen hier Rentiergeweihe als gängige Dekoration. Hier wird viel und gern gejagt. Was man hierorts von Jagdbeschränkungen hält, darauf lässt ein weiteres Indiz schließen, nämlich ein von Einschüssen durchlöchertes Jagdverbot-Schild, errichtet von der Gemeinde Qeqqata.

Die Piste endet tatsächlich am letzten Haus am Südufer, nach ⅓ der Uferstrecke. Ab hier führt abrupt ein Trampelpfad, der auch als blau gepunktete Linie auf der Karte verzeichnet ist, direkt am Seeufer weiter. Der Pfad scheint direkt vom Seewasser gespeist zu werden. Es ist die reinste Kneipp-Tour(!). Trockene Passagen halten sich in überschaubaren Grenzen. Wenn ich den Blick vom Canale Grande, den ich schon wieder durchwate, hebe, sehe ich im Osten die Höhen des Tasersuatsiaap Kinginnera. Die nördliche Hälfte dieses Höhenzugs fällt in einer 300 m hohen Steilwand ab. Das ist eine weitere Sehenswürdigkeit in dieser Gegend: Granatfjeldet – der Granatberg; hat nix mit explosiven Geschossen zu tun. Wenn man Hammer und Meißel mit sich führt – wie es auf geführten Touren hierher angeboten wird – kann man sich auf die Jagd nach roten Granat-Halbedelsteinen machen und versuchen, *den* persönlichen Schmuckstein zu finden. Momentan hege ich keine großen Ambitionen, Steine zu klopfen und schon gar nicht mit bloßer Hand.

Das Ostufer des Lake Ferguson geht in ein ausgedehntes Sumpfgebiet über, das weiträumig umgangen werden muss. Das Seeniveau liegt bei etwa 100 Metern Höhe. Die nächste Welle im Faltenwurf des Geländes bringt uns auf etwa 180 Meter und somit aus dem Sumpf heraus. Dabei passieren wir einen klaren Bergbach mit leckerem kühlem Nass. Hier ist quasi unser Wendepunkt. Der See ist halb umrundet.

 Lake Ferguson

Lake Ferguson, oder auf grönländisch: Tasersuatsiaq, ist ein See im zentralwestlichen Grönland in der Gemeinde Qeqqqata. Er liegt südöstlich von Kangerlussuaq und hat eine Tiefe von 80 m.

Während der Betriebsjahre der amerikanischen Basis bei Bluie West Eight bei Kangerlussuaq wurde der See als Ferguson-See bezeichnet. Der See und das Roklubben Restaurant am Westufer sind mit Kangerlussuaq durch eine Schotterstraße verbunden; die Entfernung beträgt ca. 3 km.

Tasersuatsiaq ist eine Süßwasserquelle für Kangerlussuaq. Der 2x6 km lange See (Fläche: ca. 1200 ha) ist von den Tälern von Qinnguata Kuussua und Akuliarusiarsuup Kuua sowie der Siedlung Kangerlussuaq im Norden durch den niedrigen Tundrakamm von Qaarsorsuaq getrennt. Im Westen liegt das andere Ende des Kangerlussuaq-Fjords.

Auf der Süd- und Ostseite wird es vom Hochland Ammalortup Nunaa begrenzt. In dieser Gegend sind Moschusochsen und Rentiere sehr verbreitet.

Eine Pause direkt neben einem kleinen Wasserfall ist angesagt. Mitgebrachte Riesensandwiches – gedengelt nach dem Vorbild von Jens' Gletscher-Proviant – werden ihrer Bestimmung zugeführt. Wir haben Muße genug, von unserem erhöhten Standpunkt den herrlichen Blick Richtung Westen über den See zu genießen. Am Bachufer finde ich ein Paar Moschusochsen-Hörner – leider schon ziemlich mitgenommen. Beim Versuch, sie auf die andere Bachseite zu werfen, landet eins im Wasser unterhalb des

kleinen Wasserfalls und wird von der starken Strömung schnell davonge-
tragen. Das andere Horn wird nachher für ein paar Kilometer unser Wegge-
fährte und dann doch in der Wildnis belassen.

West-Blick auf Lake Ferguson

Wir treten den Rückweg an. Es gibt die Möglichkeit, statt am Seeufer
entlang zu gehen, den Weg über die Qaarsorsuaq Höhe vorbei am großen
Salzsee (Store Saltsø) zu nehmen und dann einen kleinen Bogen zurück zur
Nordwest-Ecke des Sees zu schlagen. Hier kann man nämlich auf etwa 200
m Höhe ein weiteres Flugzeugwrack aus vergangenen Tagen bewundern.
Wir haben den Schrotthaufen auf dem Weg zum Inlandeins schon links
liegen lassen, warum sollen wir uns dann diesen hier antun? Wir entscheiden uns dagegen.

Der Weg über den Hügel führt uns stetig bergab wieder auf das Seeniveau
zurück. Auch der Rückweg führt dicht am Seeufer entlang, nur mit dem
Unterschied, dass es am Nordufer durchweg trocken ist. Während der
Brutzeit beherbergen die Ufer zahlreiche Nester der schönen Eistaucher, die
sich jetzt allerdings rarmachen.

Schließlich treten wir an der äußersten nordwestlichen Ecke des Lake
Ferguson wieder auf die Schotterpiste. Damit haben wir den Lake Ferguson
komplett umrundet. Die letzten 3-4 km bis zum Vandrehjem verlaufen
ereignislos, aber sonnenbeschienen und warm. Was jetzt noch lockt und
motiviert, ist der heißersehnte Moschusochsen-Burger im Flughafen-Café.

Nach etwa 28 km sind meine Beine nun doch etwas schwer und die Füße
fühlen sich einfach nur müde an. Die Dusche im Vandrehjem wäscht zwar
den Schweiß ab, doch die Mattigkeit bleibt. Dennoch: Der Burger muss es
heute sein. Allein, vor diesem Genuss haben die Erbauer des Flughafens die

berüchtigte 2-km-Schleife gebaut. Aber sei's drum: Die letzten Kräfte werden mobilisiert, die ermatteten Körper in den Dunstbereich der Fritten- und Burgerschmiede zu schleppen.

Nach ein paar hundert Metern nähert sich von hinten ein weißer SUV und hält neben uns. Dem jungen Burschen am Steuer müssen unsere undynami- schen Fortbewegungsversuche aufgefallen sein und getreu der in Grönland herrschenden (Gast-)Freundlichkeit bittet er uns an Bord seiner strahlenden Kutsche und bringt uns bis vor die Tür des Flughafen-Cafés. So sind die Menschen hier! Davon sollten sich andere Völker ganz dicke Scheiben abschneiden.

Der Burger ist klasse – nicht nur was seinen und den Umfang der Portion Pommes betrifft. Ein grandioser Abschluss eines grandiosen Tages.

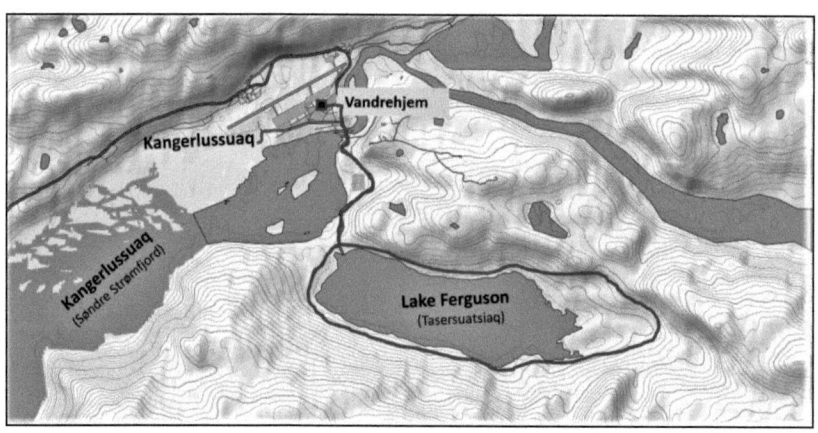

Wegweiser am Flughafen-Café

Wasserfall

| Leih-Fahrräder | Golfplatz | Sugar Loaf | Wasserfall | Tupilak |

Von der Schotterpiste zum Inlandeis geht etwa 10 km hinter Kanger-lussuaq ein Trampelpfad nach rechts ab, der mit „Vandfald" (Wasserfall) beschildert ist. Das Hinweisschild haben wir gesehen, als Jens mit seinem Allrad-Gefährt Richtung Ice Cap daran vorbei gebrettert ist. Der Wasserfall gilt hierorts als Sehenswürdigkeit. Deshalb wählen wir ihn als letztes Ausflugsziel dieser Reise aus.

Das Wetter ist schon wieder unverschämt herrlich und entsprechend warm. Am Vorabend der Abreise ist kaum Motivation zu verspüren, bei bereits in Ruheposition schweißtreibenden Temperaturen schon wieder eine 25-km-(Tor)Tour zu absolvieren. Dabei würden über 20 km allein auf die Schotterpiste entfallen.

Doch dem fußmüden Urlauber kann geholfen werden: Man kann hier Fahrräder leihen! Auf diesen Zug springen wir freudig erregt auf. Der kleine Outdoor-Reiseführer (Stein Verlag) verweist auf die Unterkunfts-möglichkeiten „Polar Lodge" und „Old Camp", wo man Zweiräder be-kommen kann. Beides befindet sich direkt neben oder nahe dem Flughafen-gebäude.

Wir werden weder da noch dort fündig, in der Polar Lodge sogar an den Flughafen-Kiosk verwiesen, um dort nachzufragen. Vor dem Flughafen-Café stehen tatsächlich 8 gleichartige Räder – Indiz für ein und denselben Eigentümer. Allerdings ist es so, dass diese Räder ausschließlich den Flughafen-Bediensteten zur Verfügung stehen, die im Ortsteil auf der anderen Seite der Landebahn wohnen. Letzteres tun wir zur Zeit auch, sind aber leider nicht beim Flughafen beschäftigt. Im Kiosk bekommen wir dann – keine Fahrräder – aber immerhin die Auskunft, dass der kleine Kiosk neben dem Vandrehjem Fahrräder verleiht. Da das momentan die einzige Möglichkeit ist, bleibt uns nichts anderes übrig als die 2 km wieder zurück-zulatschen und unser Glück dort zu versuchen. Das hätte man vorher wissen sollen.

Um es kurz zu machen: JA, dort stehen Räder bereit. Es handelt sich um Mountain-Bikes, die gar nicht mal schlecht aussehen. Es gibt auch einen Helm und dazu den vehementen Hinweis auf Helmpflicht. Ich habe hier noch keine staatliche Exekutive gesehen, die die Missachtung dieser oder anderer Vorschriften ahnden könnte. Wenn die Grönländer nicht durchweg so freundlich wären, vermag ein kranker Geist sich durchaus vorzustellen, dass helmverweigernde Touristen von jedermann mit gezielten Fangschüssen vom Rad direkt in den Zustand Rigor Mortis expediert werden.

Die Leihgebühr hat sich in den vergangen vier Jahren seit Erscheinen des Reiseführers lässig von 100,- auf 200,- DKK pro Rad verdoppelt. Monopol ist, wenn man trotzdem zahlt.

Völlig egal! Wenn Kaffee und Brötchen im Flughafen-Café nicht gewesen wären, hätte man sich theoretisch über die völlig überflüssigen vier Fuß-Kilometer ärgern können. Aber mit der Zeit entwickelt man ein gesundes Maß an „laissez-faire" und entspannten Hinnehmens gegebener Situationen. Sich ärgern macht nur hohen Blutdruck und ist für nix gut.

Helme auf, Hintern auf den Sattel und die Haxen mit den Bergschuhen auf die Pedalen. Man kann nicht meckern: die Räder sind nicht alt oder schrottig, sondern wirklich in Ordnung. Die 21 Gänge funktionieren und Luft ist genug in den Reifen. Und dann geht's auch schon los!

Die Schotterpiste ist alles andere als eben. Es sind regelmäßig kleinere Steigungen zu überwinden, was durch den teilweise doch nicht festgefahren Schotter erschwert wird.

Nach 2 km taucht eine Stange mit einem gelben Fähnchen mit aufgedruckter Nummer 17 im Gelände zur Linken auf. Der nördlichste 18-Loch-Golfplatz der Welt, der eigentlich ein einziger Sandbunker ist, zeigt uns ein typisches „Grün": eine etwa 40x40 cm große grüne Filzplatte, in deren mittig angebrachtes Loch geputtet werden kann.

Indlandsisen	25
Vandfald	10
Sugar Loaf	7
Golfbane	2

Nach weiteren 7 km erreichen wir den Abzweig, der zum Wasserfall führt. Fahrradfahren mit dicken Wanderschuhen ist nicht der Brüller. Mir schmerzen nach den 11 km vom Fahrradverleih bis hierher die Füße. Da der Weg angenehm zu begehen scheint, werden die Räder sorgsam am Straßenrand abgelegt und der Rest per pedes erledigt. Wir befinden uns an der östlichsten Ecke des Sugar Loaf, an dessen kurzer Ostseite wir uns einen halben Kilometer lang erfreuen können. Dann beschreibt der Weg eine langgezogene Linkskurve um einen Nachbarhügel herum bis der Akuliarusiarsuup Kuua, der Schmelzwasserabfluss aus dem Inlandeis, Einblick in den Canyon gewährt, den er hier an seiner engsten Stelle in langen Jahrtausenden herausgewaschen hat.

Nach etwa 300–400 m, die man oberhalb der senkrechten Abbruchkante des Canyons auf der rechten Fluss-Seite zurücklegen muss, erreichen wir den sogenannten Wasserfall, namentlich: Elvfossen. Zementgraues Schmelzwasser wälzt sich am Fuß des mit 539 m höchsten Gipfels des Akuliarusiarsuk-Massivs entlang durch die karge Landschaft bevor es plötzlich Stromschnellen bildet und scheinbar in der Erde verschwindet. Der Wasserfall ist im

Wortsinne gar keiner, sondern an Geschwindigkeit zunehmende Wassermassen, die abrupt durch ein 100 m langes, nur wenige Meter breites und etwa 30 Meter tiefer gelegtes Nadelöhr gepresst werden.

An der Stelle, wo die rauschenden Wasser in die Klamm stürzen, legen die geneigten Reisenden auf sonnengewärmten Felsen eine wohlverdiente Pause ein. Während ich ein wenig fotografiere, übt Niklas daran, einen eigenen Tupilak (s. auch Seiten 32, 190) aus einem kleinen Stück Rentierknochen zu schnitzen. Gelingt ihm echt gut.

Die warmen Sonnenstrahlen aus tiefblauem Himmel und das gleichmäßige Rauschen des Elvfossen geben der körperlichen Trägheit massiven Vorschub. Hektik ist auch nicht notwendig, lieber genießen wir diese Stimmung, die an einem letzten Reisetag nicht besser hätte sein können.

Irgendwann, es ist immer noch warm und hell, machen wir uns dann doch auf den Rückmarsch. Die Radtour über die Schotterpiste im Hinterkopf erwägen wir nur kurz, auch noch auf den Sugar Loaf zu pilgern. Das wären immerhin 250 Höhenmeter, von denen die letzten ca. 80 sehr steil hinauf (und auch wieder hinab) führen. Der positiven Eindrücke sollen es für heute genug gewesen sein. So bleibt der Sugar Loaf links liegen und schaut uns traurig nach, wie wir statt ihm die Räder erklimmen, die tatsächlich immer noch dort liegen, wo sie deponiert wurden, und den Schotter unter den Reifen wegspritzen lassen.

Arctic Circle Trail

Tatsächlich ziehen sich diese letzten 11 Ausflugskilometer merklich lang hin. Während des letzten Wegviertels tun mir die Füße in den steifen Wanderschuhen richtig weh. Ich bin froh, als wir im Vandrehjem endlich die Schuhe abstreifen können.

 Sugar Loaf

Sugar Loaf – oder Zuckerhut - ist ein Berg nördlich von Kangerluarsuk und Kap Milne mit einer Höhe von 336 Metern. Die Wanderung zum Gipfel des Zuckerhutberges erfordert keine erfahrenen Wander- oder Kletterkenntnisse. Vom Gipfel aus kann man die Adern von Schmelzwasserflüssen, Feldwege und die spektakuläre arktische Tundra sehen und genießen.

Die Abendessenzubereitung gestaltet sich phantasielos: Nudelreste von Benjamin, der heute abgereist ist und sie uns vererbt hat für mich und für Niklas seine zweite Hälfte des Muskox-Currys aus der Thai-Pizza-Bar.

Dann ist der Zeitpunkt gekommen, sich seelisch auf die bevorstehende Abreise vorzubereiten. Wir hängen erst noch ein wenig auf der Sofaecke ab bevor wir uns relativ zeitig in die Kojen zurückziehen.

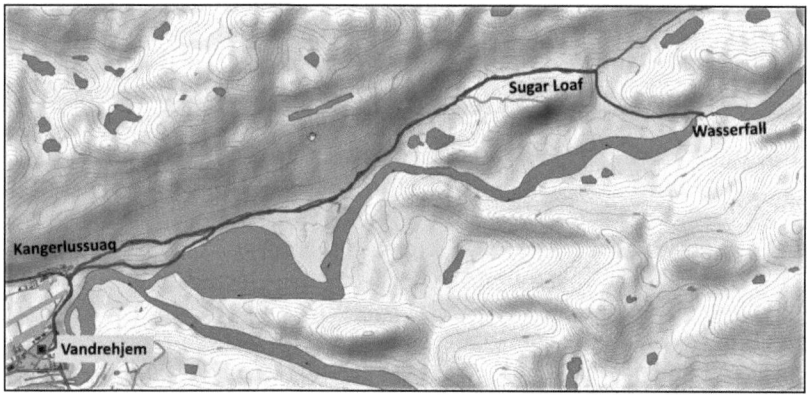

8./9. September – Rückflug

| Kangerlussuaq Zoll | Knochenschädel | Messer im Handgepäck |
| Kopenhagen | Düsseldorf |

Heute ist es schon so weit. Heute müssen wir das „Land der Menschen" – Kallalit Nunaat – wieder verlassen. Der Flug geht erst um 13:15 Uhr, also genug Zeit, um gemütlich Rucksack und Handgepäck planvoll zu packen. Auch auf dem Rückflug werden wir in Kopenhagen übernachten müssen. Es bleibt auch genug Zeit, um im Flughafen-Café ein letztes Mal ausgiebig zu frühstücken.

Im Café treffen wir Andries. Er fliegt auch, allerdings noch nicht nach Hause, sondern einen Flughafen weiter nördlich nach Ilulissat. Andries musste wegen seiner starken Erkältung, die er sich eingefangen hatte, seine Reise vor Ort komplett umgestalten. Aus dem geplanten ACT wurde für ihn nichts. Dafür hat er in der Umgebung von Kangerlussuaq einige kleinere Touren unternommen und will sich jetzt das schwimmende Eis in der Bucht von Ilulisaat live und in Farbe(!) ansehen. Darüber hinaus wird er spontan entscheiden wie er seine Restzeit in Erlebnisse umsetzen will.

Es ist schon kurz vor Mittag und so spricht überhaupt nichts gegen einen Abschieds-Muskox-Burger. Andries schließt sich unserer Wahl an und bald darauf herrscht gefräßige Stille am Tisch, obwohl nach und nach immer mehr Fluggäste hereinschneien. Mir ist schleierhaft, wo die alle herkommen, aber schließlich will der Airbus nicht unausgelastet abheben.
Der Rucksack-Check-In geht problemlos vonstatten. Aber beim Handgepäck hätten wir beide gerne mal ein Problem. Bei Niklas ist es der Leatherman, ein letales Instrument der besonderen Art, das er statt in den Rucksack leider in sein Handgepäck gesteckt hat. Da machen die Einchecker weder mit noch eine Ausnahme. Das Ding muss hierbleiben.

Naja, die Kontrollen sind sinnvoll und letztlich sollen sie uns ja auch schützen. Immerhin gelingt es meinem Sohn mit seinem unvergleichlichen Charme – von wem er den wohl hat? – die junge Dame davon zu überzeugen, ihm den Leatherman per Post nach Deutschland zu schicken, wenn er die Portokosten übernimmt. Sie lässt sich darauf ein. In der Tat hat sie Wort gehalten und nach etwa 2 Wochen hat er sein heißgeliebtes Tool wieder in Händen gehalten.

Meine Leidensgeschichte war etwas nervenaufreibender. Ich habe immer noch den Knochenschädel, fein eingerollt in einen kleinen Packsack, den ich gerne mitnehmen möchte. Auch bei der Ausfuhr von Wildtieren oder Produkten aus solchen wird hier streng kontrolliert und im Sinne der CITES-Vorschriften gehandelt. Das weiß ich wohl und deshalb lasse ich es nicht darauf ankommen, mich eventuell beim Schmuggel erwischen zu lassen, sondern puhle den leicht fleckigen Schädel aus meinem Handgepäckstück <u>bevor</u> ich kontrolliert werde und frage einfach nach, ob ich das Ding mitnehmen darf.

CITES

Die Convention on International Trade in Endangered Species of Wild Fauna and Flora (kurz CITES, deutsch Übereinkommen über den internationalen Handel mit gefährdeten Arten freilebender Tiere und Pflanzen) – auch: Washingtoner Artenschutzübereinkommen (WA) - ist eine internationale Konvention, die einen nachhaltigen, internationalen Handel mit den in ihren Anhängen gelisteten Tieren und Pflanzen gewährleisten soll.

Helle Aufregung am Röntgengerät. Ich habe den Eindruck, dass solche Fälle doch nicht so häufig vorkommen. Wenn ich da an Lappland denke, was da an Rentiergeweihen auf Reisen geht und letztlich kein Schwein interessiert...

Nun, man bedeutet mir, auf den Chef vom Zoll zu warten, den man flugs informiert hat. Das vorrangige Problem ist, die Spezies, der der Schädel angehört, zu identifizieren. Jetzt wird die gesamte Zollabteilung geschäftig. Man vermutet, wie ich auch, dass es sich einfach um einen Schlittenhund handelt, der irgendwann den Kopf verloren hat. Im Zuge dieser nicht wirklich fachmännischen Untersuchung werde ich gefragt, wo ich den Schädel denn gefunden hätte. Wahrheitsgemäß lautet meine Antwort: irgendwo 3-4 Tage hinter Sisimiut in irgendeinem Weidengürtel. Ob ich den Ort auf der Karte zeigen kann? Meine eigenen Wanderkarten habe ich gerade nicht zur Hand, also bittet man mich, auf einem Computer-Bildschirm eine ungefähre Ortsangabe zu machen. Das wäre mir sehr viel leichter gefallen, wenn man mir nicht einen Kartenausschnitt 1:1.000.000 und ohne jegliche Landmarke vorgehalten hätte. So kann ich nur lässig mit den Schultern zucken und mein Bedauern kundtun, dass ich der Aufforderung unter diesen Umständen nun wirklich nicht nachkommen kann.

Schließlich – nun drängt die Zeit doch ein wenig, da es mittlerweile nur noch 15 Minuten bis zum Start sind – einigt man sich tatsächlich auf Hund.

Und das bedeutet, dass ich einem namenlosen Wuff ein neues Zuhause bieten kann. Der Schädel wird zur Emigration freigegeben.

Dafür haben wir in der Sitzplatzlotterie wieder danebengegriffen und im Mitteltrakt die mittleren Plätze zugelost bekommen. Die Sitzverteilung pro Reihe von vorn nach hinten ist: AB – CDEF – GH. Wir sitzen also auf D und E. Beinfreiheit gibt es – kaum, aber die gut 4 Stunden bis Kopenhagen sind ja im Nu vorüber.

Der Flug verläuft ohne Zwischenfälle. Keine Luftlöcher, Turbulenzen oder durchs Triebwerk angesaugte Flugsaurier – nichts von alledem. Trotzdem dauert es noch eine Weile bis wir endlich mit unseren Handgepäckstücken unterm Arm die Ankunftshalle erreichen und sofort zwei freie Liegeplätze auf den Holzquadern in Beschlag nehmen. Lernfähig wie wir sind, haben wir sowohl die Isomatten als auch die Schlafsäcke ins Handgepäck getan und können nun völlig entspannt der Dinge harren, die bis morgen Nachmittag kommen mögen. Gleich gegenüber ist der 7-Eleven-Kiosk, dessen reichhaltiges Sortiment uns auf dem Hinflug schon verführt hatte.

Es stehen schätzungsweise 2 Dutzend Liegeplätze auf den Holzquadern zur Verfügung. Diese Nutzung obliegt nicht dem ursprünglichen Verwendungszweck dieses Mobiliars, doch wird die Zweckentfremdung im toleranten Skandinavien kommentarlos geduldet.

Die Nacht schleicht dahin. Der Sonntag Morgen sieht uns in einer der Snackbuden – dieses Mal das Prêt à Manger – frühstücken. Ist ganz OK. Da wir uns um die großen Gepäckstücke nicht kümmern müssen, lassen wir die Zeit bis ca. 13 Uhr dahinplätschern.

Das letzte Mal Einchecken mit Schuhen ausziehen – wegen der Metallösen für die Schnürsenkel – fällt mittlerweile schon in die Rubrik „Routine".

Die Strecke Kopenhagen → Düsseldorf macht der Flieger in nur 1 Stunde. Das Gepäck kommt zügig vom Band und hinter der Glasscheibe, die die Fluggäste von den meist privaten Taxiunternehmen trennt, sehen wir Sonni und Sarah auf uns warten.

Großes Hallo und endlich die Partnerin wieder in den Armen halten. Zurückkommen ist auch schön!

Und wir haben einiges zu erzählen...

Nachlese

Und wie war die Reise nun? Haben sich die Erwartungen erfüllt? Hat es sich „gelohnt"? Was bedeutet „lohnenswert" in diesem Zusammenhang? Eine solche Einschätzung ist immer rein subjektiv und kann nie als Empfehlung für andere herhalten. Die Geschmäcker sind nun mal verschieden.

Meine Erwartungen an diese Reise waren, eine weite, vielleicht andersartige Natur und ein damit verbundenes Gefühl von Freiheit zu erleben. Die Freiheit, den Tagesablauf komplett selbst bestimmen zu können, seine Schritte komplett nach eigenem Gusto und Vermögen lenken zu können, Einsamkeit und Stille zu suchen und zu erfahren. Und das alles inmitten einer unverfälschten Natur, die vielleicht auch bisher Unbekanntes bereithält wie etwa schwimmendes Eis im Meer. Ebenso aber, mit Menschen aus einem anderen Kulturkreis zusammenzukommen und kennenzulernen.

Rückblickend gilt: Bis auf das schwimmende Eis (dazu hätten wir noch etwas weiter nach Norden reisen müssen) haben sich meine Erwartungen erfüllt und für mich hat sich diese Reise auf jeden Fall „gelohnt" – wenn man diesen Ausdruck wirklich benutzen möchte. Der ACT bietet abwechslungsreiche Landschaften: Sümpfe, steiniges Hochfjäll, Bergmassive, Schluchten, Fjorde und immer wieder herrliche Panoramen – und somit eine anbetungswürdige Outdoor-Atmosphäre. Wer sich gerne in der weitläufigen Natur bewegt und gerne auf zivilisatorische Anzeichen verzichtet, kommt hier voll auf seine Kosten.

Mancher mag die weitläufige Natur als eintönig und langweilig empfinden und die sogenannte „Action" vermissen, wie sie vielleicht andersartige Urlaube bieten. Ich glaube aber, dass gerade diese – oberflächlich betrachtet – Eintönigkeit der Landschaft bestens dazu geeignet ist, den Blick fürs Detail und auch den Blick nach innen zu schärfen. Die täglichen Bedürfnisse während einer solchen Wanderung unterscheiden sich gänzlich von denen des Alltags. Lässt man sich auf dieses Abenteuer ein, verschwinden äußere Bedürfnisse einfach. Es sind die einfachen Dinge, die Grundbedürfnisse, die in den Vordergrund treten. Die meisten anderen sind vernachlässigbar und spielen letztlich keine Rolle. Sie sind einfach nicht vorhanden.

Ich bin froh, diese Reise gemacht zu haben. Ich will gerne nochmal hierher kommen und noch andere Regionen besuchen. Den ACT betrachte ich als grönländische Einstiegsdroge – so wie den Kungsleden für Lappland. Aber daneben gibt es noch viel, viel mehr zu entdecken.

Anhang I

ACT - Hütten und Entfernungen

Von – bis	Distanz km	Hm Auf m	Hm Ab m	∑ Hm/ Etappe m
Sisimiut bis Kangerluarsuk Tulleq Syd	20	625	500	1125
Kangerluarsuk Tulleq Syd bis Nerumaq	17	205	180	385
Nerumaq bis Innajuattoq (I, II)	16	400	250	650
Innajuattoq (I, II) bis Eqalugaarniarfik	19	380	550	930
Eqalugaarniarfik bis Ikkattooq	11	450	260	710
Ikkattooq bis Kanucenter	22	350	550	900
Kanucenter bis Katiffik	20	150	150	300
Katiffik bis Hundesø	20	420	370	790
Hundeso bis Kangerlussuaq	20	335	505	840
Total	165	3315	3315	6630

Von - bis	Distanz km	Hm Auf m	Hm Ab m	∑ Hm/ Etappe m
Kangerlussuaq bis Ice Cap	37	1000	340	1340

ᴀ᷉rctic Circle Trail

HIVSHU - Kalaallit Schamane

Hivshu, geb. 1956 in der nördlichsten Siedlung der Welt – Siorapaluk -, ist ein Ur-Enkel des amerikanischen Polarforschers Admiral Robert E. Peary. Hivshu ist ein Schamane, ein guter Zaubertrommelmacher, Geschichtenerzähler und Sänger historischer Inuit-Lieder. Er ist aufgewachsen in seinem Stamm der Inughuit und als Schamane erzogen worden.

ANGAANGAQ ANGAKKORSUAQ - Kalaallit Schamane

Angaangaq, geb. 1947, ist ein Ältester der Eskimo-Kalaallit aus Westgrönland, der von seiner Familie in den höchsten Rang des Schamanen berufen wurde. Er ist seit vielen Jahren als traditioneller Heiler tätig. Sein Einsatz für Umwelt und indigene Themen führte ihn in über 70 Länder der Welt. Seine spirituelle Aufgabe ist es, "das Eis in den Herzen der Menschen zu schmelzen". Er trägt den Ehrentitel „Angakkorsuaq" - Großer Schamane.

JESSIE KLEEMANN

J. Kleemann (geb. 1959 in Upernavik, Grönland) ist Dichterin, Tänzerin, Video- und Performancekünstlerin. Sie lebt und arbeitet in Kopenhagen.

In ihren Gedichten, von denen das erste 1997 in ihrem Buch Taallat erschien, treffen traditionelle Eskimo-Motive auf die globalisierte Gegenwart, mystische Naturbilder stoßen auf echte soziale Probleme.

JULIUS ADOLF OSKAR RIESENTHAL

(*1830; † 1898) war ein deutscher Forstmann, Jagd-Schriftsteller und Ornithologe. Er verfasste mehrere Fachbücher über die Jagd; sein Jagdlexikon war lange Zeit ein Standardwerk auf dem Gebiet der Jagdkunde. Auf dem Etikett der Jägermeister-Flaschen ist die erste Strophe seines dreistrophigen Gedichts *Waidmannsheil* (1880) abgedruckt.

Das ist des Jägers
Ehrenschild,
daß er beschützt und hegt
sein Wild,
waidmännisch jagt, wie
sich's gehört,
den Schöpfer im
Geschöpfe ehrt.

Das Kriegsgeschoß der
Haß regiert,
Die Lieb' zum Wild den
Stutzen führt:
Drum denk' bei Deinem
täglich Brot
Ob auch Dein Wild nicht
leidet Noth?

Behüt's vor Mensch und
Thier zumal!
Verkürze ihm die
Todesqual!
Sei außen rauh, doch
innen mild,
Dann bleibet blank Dein
Ehrenschild!

INFORMELLE LINKS

TASERALIK - KULTURHAUS IN SISIMIUT
https://visitgreenland.com/de/rund-um-gronland/taseralik/

SISIMIUT HEIMATMUSEUM
https://visitgreenland.com/de/anbieter/sisimiut-museum/

SEDNA, MEERESGÖTTIN
https://de.wikipedia.org/wiki/Sedna_(G%C3%B6ttin)

BESTATTUNGEN
https://www.fof-ohlsdorf.de/kulturgeschichte/2004/87s26_groenland.htm
https://de.wikipedia.org/wiki/Inuit-Kultur#Tod

PANZERPLATTEN (HARTKEKSE) - HERSTELLER: BUNDESWEHR
zu beziehen z.b. über FEDDECK Dauerwaren (auch andere Outdoor-
Nahrung) -- https://www.feddeck-dauerwaren.de/

KALAALLISUT
https://de.wikipedia.org/wiki/Gr%C3%B6nl%C3%A4ndische_Sprache

ONLINE-ÜBERSETZER KALAALLISUT - ENGLISH
https://oqaasileriffik.gl/en/

NINI UND JENS-PAVIA BRANDT
GREENLANDOUTDOORS.COM

INFORMATIONEN ZU DEN HÜTTEN AUF VISITGREENLAND.COM
https://visitgreenland.com/de/auf-dem-arctic-circle-trail-fuers-
uebernachten-vorbereiten/

KELLY VILLE FORSCHUNGSSTATION SONDESTROM
http://isr.sri.com/about.html

WANDERKARTEN
Gedruckt von Compukort (www.compukort.dk) im Auftrag von Visit
Greenland;
Zu beziehen über: Geobuchhandlung Kiel (www.geobuchhandlung.de)

LITERATUR

Meike Woick, Oliver Schröder, David Kuhnert, *Grönland: Arctic Circle Trail*, Outdoorhandbuch Band 137, 2. Aufl. 2014, Conrad Stein Verlag

Sabine Barth, *Grönland*, 2. Auflage 2012, Dumont Taschenbuch

Carl von Linné, *Lappländische Reise*, Insel-Taschenbuch 102 , 3. Auflage 1981, [Linné]

ABBILDUNGS-QUELLEN

URHEBERSCHAFT NORDLICHT (SEITE 5)

ANDRIES DE SCHRIJVER
www.instagram.com/andriesdeschrijver

INFOGRAFIC „ENCOUNTERING POLAR BEARS" (SEITE 15)

https://visitgreenland.com/wp-content/uploads/2018/03/Infographic-Encountering-polar-bear-while-hiking-in-Greenland-by-Visit-Greenland.pdf

URHEBERSCHAFT NERUMAQ-FOTOS (SEITE 58)

By Chmee2/Valtameri - Own work, CC BY 3.0,
https://commons.wikimedia.org/w/index.php?curid=11416131
By Chmee2/Valtameri - Own work, CC BY 3.0,
https://commons.wikimedia.org/w/index.php?curid=11416132

URHEBERSCHAFT INNAJUATTOK-II-HÜTTE (SEITE 67) UND WOHNWAGEN-HÜTTE (SEITE 108):

LISA GERMANY BLOG
http://world.lisagermany.com/trekking-greenland-arctic-circle-trail-kelly-ville-katiffik/
http://world.lisagermany.com/trekking-greenland-arctic-circle-trail-innajuattoq-nerumaq/

Arctic Circle Trail

BIBLIOGRAPHIE

JOTUNHEIMEN - Wandern in der Heimat der Riesen
Eine Wanderung in Norwegens Bergwelt
ISBN: **978-3839136485**

Zwei im Sarek:
Wandern unter der Mitternachtssonne
ISBN: **978-3839134092**

Zwei zum ersten Mal im Sarek:
Wandern im Land der Samen
ISBN: **978-3844802054**

...just till over there!
Trekking Round the Arctic Circle
ISBN: **978-3735778499**

...nur noch bis dahinten!
Trekking im Sarek
ISBN: **978-3732234325**

Anregungen und Kritik sind willkommen.

Bitte schreibt an: klaus.heyne@web.de
Besucht auch: www.longdistancetrekker.jimdo.com

Anhang II

Tipps für Einsteiger

Nachfolgend gibt es für Trekking-Neulinge ein paar Tipps, die sowohl allgemeine als auch spezielle Themen behandeln und sämtlich eigenen Erfahrungen aus diversen Skandinavien-Touren, hauptsächlich Lappland", entsprungen sind.

Mögen sie zu einer gelungenen Tour beitragen.

Arctic Circle Trail

Nun gibt es Leute, die blauäugig ihre (Wander)Premiere mit einer Tour in unbekanntes Gebiet gepaart mit dem Fehlen jeglicher Erfahrung feiern wollen und sich wundern, wenn „plötzlich" Situationen entstehen, die sie u.U. vor echte Probleme stellen.

Nachfolgend gibt es ein paar „Meilensteine" in der Planung, die sich indes bei Einschalten des gesunden Menschenverstandes von selbst ergeben sollten.

Tipp: Planung

- **Zielgebiet** festlegen
- **Wanderkarte**(n) vom Zielgebiet besorgen;
  z.B. für schwedisch Lappland - **Nya Fjällkartan** im Maßstab 1:100.000 Blätter BD01 – BD10; für Norwegen **Turkart** im Maßstab 1:100.000 oder 1:50.000 – je nach Gebiet; für Finnland **Retkeilyopas & Kartta** im Maßstab 1:100.000 oder 1:50.000 – je nach Gebiet.

  z.B. für Grönland – 1 Narsarsuaq, 2 Narsaq, 3 Qaqortoq, 5 Nanortalik, 6 Tasiilaq/Kulusuk, 8 Kangerlussuaq, 9 Pingu, 10 Sisimiut, 12 Ilulissat, 15 Qeqertarsua Disko Insel,17 Qasigiannguit, 18 Aasiaat, 19 Nuuk.Austmannadalen, 20 Eqi
  Für die Wanderung "Kangerlussuaq-Pingu-Sisimiut" werden die Karten 8, 9 und 10 benötigt.
  Die Karten sind im Farbdruck auf wasserfestem Papier. 1:100.000 mit 25 Isohöhen Format: gefaltet 10 x 21 cm, offen ca. 68,5 x 42 cm. Publisher: Greenland Tourism As

- **Route** auswählen und dabei...
- ...das **zeitliche Budget** und die eigene **körperliche Verfassung** berücksichtigen.
- **Puffertage** einplanen, an denen man nicht geht (Wetter, Erschöpfung, Pause). An- und Abreisezeit nicht vergessen.
- **Markierten Wanderweg** auswählen, wenn man die Vorteile der Hüttenstationen nutzen will (Übernachtung, Proviant), die sich in einem niedrigeren Rucksackgewicht niederschlagen. Über die einzelnen Hütten kann man sich im Netz informieren.
- Bei **Querfeldeinroute** den benötigten Proviant berechnen. Faustformel: 1 kg pro Mann und Tag [= üppig]; machbar für kurze Touren, bei längeren Touren max. 500-600 g pro Mann und Tag rechnen.
- Beim **Kartenstudium** auf schwierige Passagen achten. Z.B. wo Höhenlinien eng zusammen liegen, ist es in der Natur steil.
- Frühzeitig die **Ausrüstung** checken. Fehlendes rechtzeitig beschaffen. Wichtig sind gute Schuhe, guter Rucksack und gutes Zelt.
- Rechne mit **schlechtem Wetter**. Im hohen Norden auch im Sommer Handschuhe und Mütze mitnehmen.

Ein eingefleischter Couch-Potatoe würde sich wohl kaum für eine Urlaubsform der in diesem Buch beschriebenen Art entscheiden. Das liegt vermutlich an dem spärlichen Angebot batteriebetriebener Fernsehgeräte und dem kaum in den Griff zu bekommenden Volumen eines 3-Wochen-Vorrats an Chips, Flips und Salzstangen. Vom Bier ganz zu schweigen.

Doch selbst wer sich nicht zu dieser Randgruppe zählt und sich gar regelmäßig sportlichen Freizeitaktivitäten hingibt, sollte seine eigene Fitness kritisch beleuchten. Schließlich steht eine körperliche Dauerbelastung bevor und nach spätestens 2 Marschtagen nimmt man bewusst Körperpartien wahr, von denen man vorher gar nicht wusste, dass man sie überhaupt hat.

Das Fazit lautet: wer heute noch im warmgepupten Sessel sitzt und übermorgen den prallen Rucksack durch die Landschaft keulen will, befindet sich in einer ungünstigen Ausgangslage. Daher ist es ratsam, vorbeugende Maßnahmen zu ergreifen.

Tipp: Körperliche Vorbereitung

Für Leute wie mich, die unter dem Jahr nicht wirklich viel Sport treiben und Schreibtischtäter sind, empfiehlt sich eine gezielte körperliche Vorbereitung. Und die Notwendigkeit dazu steigt proportional zum finalen Rucksackgewicht. Bei einer 3-wöchigen Tour ohne Verproviantierungsmöglichkeiten und dem Zwang, Zelt, Kocher, Schlafsack und das ganze Gelumpe mitzuschleppen, kommt man (bei zwei Personen) nicht unter 30-35 kg pro Kopf weg. Das ist schon 'ne Nummer, die man so: weg-vom-Schreibtisch-und-ab-in-die-Wildnis nicht packt, wenn man nicht gleich am Ende der ersten Etappe kreuzlahm darnieder liegen möchte.

Ich habe die Erfahrung gemacht, dass zumindest in den letzten 6 Wochen vor der Reise regelmäßige Gewöhnungsphasen für Beine, Rücken und vor allem: Nacken durch Gehen mit Gewicht (Sandbeutel, Hantelscheiben...) im Rucksack, die ersten Tage erheblich erträglicher werden lassen als ohne diese Maßnahme.

Je nachdem, wie das zu bereisende Gelände beschaffen ist, kann man Steigungen sehr gut mit Treppensteigen trainieren. Gebäude mit einer erklecklichen Geschoßzahl eignen sich hierfür besonders gut. Die G-Gebäude in der Bochumer Ruhr-Uni haben ein gutes Dutzend Etagen. Wenn man da einige Male vom „Keller bis zum Dach" gestiegen ist, weiß man, was man getan hat.

Wem das übertrieben erscheint, für den gilt: *Lerne leiden, ohne zu klagen.*

Wer eine Tour auf den markierten Wegen der nordischen Wandervereine STF (Svenska Turistföreningen) und DNT (Den Norske Turistföreningen) macht, hat in der Regel mindestens einmal Gelegenheit, an einer Hüttenstation Lebensmittel zu kaufen. Auf dem Arctic Circle Trail aber muss der gesamte Proviantbedarf im Vorwege beschafft, für die Reise vorbereitet und an den Startpunkt der Wanderung gebracht werden. Die Menge hängt von der Länge der Tour ab, die Art von den persönlichen geschmacklichen Vorlieben.

Beim Verstauen der Fressalien sollte man auf auslaufsichere Umhüllungen und wenn möglich, Verringerung des Volumens achten.

Tipp: Proviant beschaffen

Sogenannte Outdoor-Nahrung (auch gerne mit Survival-Nahrung betitelt) bietet gegenüber den herkömmlichen Supermarkt-Tütensuppen u.Ä. immerhin den "Vorteil" erheblich höherer Preise, wenn schon nicht mehr Inhaltsstoffe.

Meiner Meinung nach eignet sich die Discounter-Variante zur Verproviantierung ganz hervorragend. Also rein in die Supermärkte und Tütensuppen und Fertiggerichte (alles dehydriert natürlich) gekauft. Mach Dir vorher eine Liste, an wie vielen Tagen es welches Gericht geben soll, damit Du

a) die richtige Gesamtmenge und

b) die richtige Menge gleichartiger Gerichte einkaufst, wenn mehrere Einheiten gleichzeitig zubereitet werden sollen.

Punkt b) kann vernachlässigt werden, wenn es Dir piepenhagen ist, Broccoli-Creme-Suppe und Ochsenschwanz-Terrine zusammen zu kochen, solange der Becher nur voll genug ist.

Tipp: Proviant aufpeppen

Neben Müsli, Tütensuppen und anderem Trockenfutter bieten **Salamis** (empfohlene Größe: 750-G, das sind i.d.R. 35-cm-Prengel mit einem ernst zu nehmenden Durchmesser) eine höchstwillkommene Abwechslung im Speiseplan. Dann hat man wenigstens ab und zu mal richtig was zu kauen.

Ein exquisites Highlight bieten am offenen Feuer angekohlte oder in der Pfanne ausgelassene Salamischeiben. Aufgespießt an kurzen Zweigen - wenn man denn im Fjäll welche findet - oder auch an den Enden eines kleinen Rentiergeweihs und in die Flammen gehalten, läuft einem das Wasser bereits im Mund zusammen, während man beobachtet, wie das Fett ins Feuer tropft und die Wurstscheiben sich appetitlich in der Hitze biegen.

Grandios!

Arctic Circle Trail

Tipp: Proviant Zusammenstellung

Die grundsätzliche Proviantfrage ergibt sich zwangsläufig entsprechend der gewählten Tour; d.h. kann unterwegs Proviant nachgefasst werden oder nicht. Der entscheidende Vorteil im ersten Fall ist, dass zum einen das Rucksackgewicht erheblich geringer ausfällt und zum anderen deshalb Lebensmittel ungeachtet ihrer Darreichungsform (schwere Konserven oder Glasbehälter) oder Nährstoffwerte ausgewählt werden können.

Muss man allerdings das ganze Gelumpe von Anfang an mitschleppen, sollte bei der Zusammenstellung des Proviants das Hauptaugenmerk auf den Nährstoffgehalt in Verbindung mit dem Gewicht der Lebensmittel gerichtet werden. Schwere (Glas) oder sperrige (Karton) Verpackungen sind zu vermeiden.

Hier ist ein Auszug aus unserer Proviantliste:

- Frühstück:
  Müsli, **Magermilchpulver** (löst sich besser auf als Vollmilchpulver), 2 Pakete **FinnCrisp** für die ersten Tage, **Honig** (Plastik-Drückflasche — erspart klebriges Umfüllen vom Glas in Plastikbehälter wie bei **NussNougat-Creme**);

- Hauptmahlzeiten:
  Spaghetti, **Kartoffelgerichte** (halbfertig; z.B. Bratkartoffeln, Rösti), dehydrierte **Pastagerichte** und **Suppen**, Feststoffnahrung in Form von **Salamis** (750-g-Prengel mit 6-7 cm Durchmesser);

- Zwischendurch und so:
  Müsliriegel, Schokolade, Nüsse, Rosinen, Vitamin-Mineral-Pillen, Tee, Trockenobst.

Für die Mengen muss jeder seine persönliche Hungergrenze berücksichtigen. Die Faustformel besagt: 1 Kilo pro Mann und Tag — allerdings glaube ich, dass sie auf veralteten Grundlagen beruht und vor der Verfügbarkeit von dehydrierten Nahrungmitteln aufgestellt wurde. Wir haben für 3 Wochen und 3 Personen insgesamt etwa 35 kg Lebensmittel eingeplant - das entspricht rechnerisch etwa 600 g pro Mann und Tag.

Es sollte jedem klar sein, dass eine Tour ohne Proviantstationen alles andere als eine Schlemmertour wird.

Tipp: Proviant verpacken

Es gilt grundsätzlich, das Volumen des Proviants so gering wie möglich zu halten und darauf zu achten, dass der Rucksackinnenraum nicht durch loses Milchpulver oder Müsli o.Ä. versaut wird. Gerade die klarsichtigen Müslibeutel zerstören sich selbst gerne leicht und schnell.

Darum lohnt sich der Zeitaufwand, das lose Zeug in handliche Gebinde umzupacken. Dazu eignen sich 3-l-Gefrierbeutel ganz hervorragend. Zusätzliche Sicherheit (gegen Auslaufen und Feuchtwerden) kann man erlangen, indem man jeden so gefüllten Beutel in einen zweiten steckt.

168

Tipp: Proviant komprimieren

Kleines Packmaß ist oberste Pflicht. Nahrungstüten mit dehydriertem Inhalt lassen sich fabelhaft komprimieren. Einfach ein kleines Loch in den oberen Teil der Suppentüte stechen und dann von unten stramm aufrollen, um die enthaltene Luft heraus zu drücken. Einmal Tesa drumherum   - fertig ist die kleine Suppenrolle. Gleichartige Gerichte kann man zusammenkleben — erspart mühsames Suchen im Rucksack. Kennzeichnung nicht vergessen, weil man im aufgerollten Zustand u.U. nicht mehr lesen kann, was drin ist.

 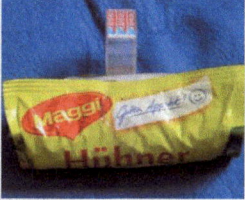 

Tipp: Proviant vorausschicken

Die Kehrseite der Medaille von 3 Wochen Freiheit und Einsamkeit ist die umfangreiche notwendige Logistik. Für 20 Tage draußen kommt man unter 30 kg Nutzlast pro Kopf nicht weg. Diese Tonnage muss natürlich auch bis ins Zielgebiet verbracht werden.

Je nach gewählter Beförderungsart gestaltet sich dieser Teil der Reise bereits mehr oder weniger kraftraubend und gegebenenfalls kostenintensiv.

Es bietet sich an, die unkomplizierten Skandinavier und Grönländer und ihre Freundlichkeit mit ins Boot zu nehmen. So habe ich nach Absprache 1-2 Bananenkartons prall gefüllt mit Proviant per Post nach Saltoluokta in Lappland vorausgeschickt, die dort im Keller bis zu unserer Ankunft zwischengelagert wurden. Oder aber postlagernd nach Sisimiut, Grönland. Wichtig hierbei ist, das Paket rechtzeitig zu versenden und an sich selbst zu adressieren mit dem Zusatz: POSTE RESTANTE. Das bewirkt, dass das Paket nach einer kurzen Zeit, wenn es nicht abgeholt wurde, trotzdem in der Post verbleibt und nicht wieder zurückgeschickt wird.

„Wer sich in Gefahr begibt, kommt darin um!", könnte man sagen. Muss aber nicht sein. Gegen viele Dinge kann man sich wappnen und entsprechende Mittelchen aus dem reichhaltigen Fundus heimischer Apotheken requirieren.

Tipp: Medikamente

Bei größeren Trekkingtouren und anderen Outdoor Aktivitäten lohnt es sich auch, eine Rucksackapotheke dabei zu haben

Diese erhält umso mehr Bedeutung, je weiter die nächste ärztliche Versorgung entfernt ist. Die Rucksack-Apotheke sollte immer der Länge der Tour und der Region angepasst sein.

Zur Grundausstattung gehören in jedem Fall Desinfektionsmittel und Alkoholtupfer, Pflaster, verschiedene Arten von Verbandszeug, Schmerzmittel und Wund- bzw. Heilsalben, elastische Binden, Mittel gegen Erkältungen, Durchfall/Verstopfung, krampflösendes Mittel. Darüber hinaus sollte Zubehör wie Rettungsdecke, sterile Handschuhe, eine Pinzette, eine Zeckenzange sowie eine Verbandsschere nicht fehlen. Ebenso ein Signalgeber wie Leuchtraketen oder Spiegel.

Damit die Rucksack-Apotheke über die volle Zeit der Tour einsatzfähig ist, muss sie wasserdicht verpackt sein, damit sie weder durch Gewitter oder sonstige flutende Ereignisse unbrauchbar wird.

Viele namhafte Ausrüster bieten in ihren Sortimenten **First-Aid-Kits** an, die als Grundstock gut herhalten können.

Vermutlich würde jeder etwas anderes raten, wenn es um die Nennung nützlicher Gegenstände geht. Ich würde immer ein Seil mitnehmen; das kann in vielen Situationen eingesetzt werden und so manche Sache vereinfachen.

Tipp: Seil

Ich habe festgestellt, dass ein Seil mitunter ein recht nützliches Utensil sein kann. Und sei es nur, um eine Wäscheleine zum Trocknen nasser Klamotten zu installieren. Oder auch, um einen Rucksack an einer schwierigen Passage abzuseilen. Oder, oder, oder....

20 – 30 Meter Seil aus dem Outdoorladen   (Querschnitt 5 mm reichen) können Wunder bewirken und haben dabei kein großes Gewicht.

Selbst eingelaufene Schuhe sind kein Garant für blasenfreie Füße am Ende oder inmitten einer Wanderung. Doch mit gezielter Vorbeugung ist dieses Ziel erreichbar. Auch der GAU – eine offene, nässende, tiefe Blase – lässt sich erfolgreich so behandeln, dass der Rest der Tour schmerzfrei abläuft.

Tipp: Blasenprophylaxe – Zehen / Ferse

Wer nach mehreren Stunden Wanderei Probleme mit „gereizten" kleinen Zehen in seinen Schuhen bekommt, kann dies mit einer einfachen Prophylaxe verhindern:

Beschaffe Dir 2-3 mm **dünnen Schaumstoff**, schneide daraus einen schmalen ca. 15 cm langen Streifen und wickele ihn großzügig um die Zehen. Beginne zwischen dem großen Onkel und dem zweiten Zeh, ziehe den Schaumstoffstreifen zwischen die einzelnen Zehen und wickele schließlich den kleinen, äußeren Zeh schön ein und führe den Streifen wieder auf gleiche Weise zurück. Damit wird er während des Laufens nicht verrutschen.

Dünnen Schaumstoff gab es früher häufiger in Obstkisten. Einfach mal durch die Supermärkte oder über den Wochenmarkt schlendern. Ansonsten einen Stoffladen konsultieren.

Der klassische Blasenaspirant, der Fersenbereich, lässt sich im Vorwege wunderbar vorbeugend schützen. Hilfsmittel: **breites Leukoplast (5 cm)** einmal großzügig um die Ferse geklebt wirkt Wunder.

Das kann natürlich auf alle anderen individuellen Schwachstellen angewendet werden. Die Silk- oder Seidenversion mit glatter Oberfläche, über die der Socken ggf. besser rutschen kann, hat sich meiner Meinung nach nicht bewährt, weil das Zeug nicht gut genug klebt.

Das gilt besonders für den Fall, wenn eine offene Blase verarztet werden muss *(siehe Tipp: Blasenbehandlung)*.

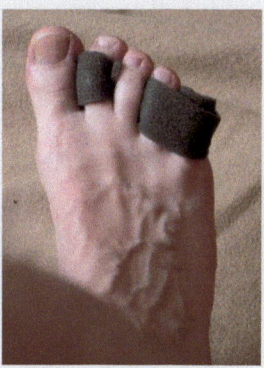 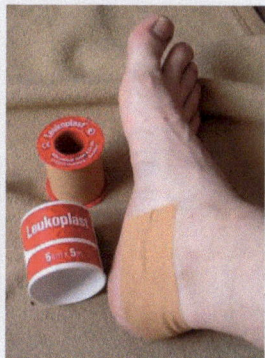

Tipp: Blasenbehandlung

Aus irgendeinem Grunde ist das Kind in den Brunnen gefallen und eine Blase ist da, tut mehr oder weniger weh und macht das Laufen zunehmend schmerzhaft. Die nachstehende Beschreibung funktioniert nachweislich. *(Das abgebildete rohe Fleisch ist meine Ferse am Abend des zweiten Wandertages in Lappland im Jahre 2000, als ich leider zu spät feststellen durfte, dass die Polsterung meines Innenschuhs kaputt war.)*

Wenn es so weit gekommen ist (und ich denke, alle vorhergehenden Stadien im Lebenszyklus einer Blase lassen sich genau so behandeln), mache Folgendes:

(1) Zunächst gilt es, das **Gewebe geschmeidig** zu halten, damit trocknende und härtende Wundränder nicht zusätzlich in die Wunde pieken. Nimm dazu irgendeine Creme, die Du dabei hast (Hauptsache es ist fettig) und schmiere sie auf die Wunde.

(2) Darüber wird ein **Wundpflaster** mit steriler Auflage geklebt. Achte darauf, dass die Klebestellen des Pflasters auf fettfreie Haut gelangen, damit sie auch gut kleben.

(3) Anschließend wird ein Streifen **Leukoplast** (5 cm breit) vorbereitet, der später großzügig rings um die Ferse geklebt wird. Also lang genug abschneiden.

(4) Jetzt kommt das Wichtigste! Nimm einen Streifen des **dünnen Schaumstoffs** (siehe Tipp: Blasenprophylaxe: Zehen) und falte diesen mehrmals Leporello, bis Du ein schönes Polsterpäckchen erhältst. Die Blase mit dem Wundpflaster sollte großräumig komplett mit dem Polster bedeckt sein. Beachte, dass das Päckchen zunächst ziemlich dick aussieht, aber im Laufe der nächsten Laufkilometer mehr und mehr gepresst wird. Die Dicke des Polsters muss man halt durch Ausprobieren ermitteln. Es kommt auch darauf an, wie es letztlich in den Schuh passt.

(5) Das Schaumstoffpolster wird durch den vorbereiteten Leukoplaststreifen am Fuß fixiert.

(6) Schneide einen zweiten Streifen **Leukoplast** zurecht und klebe diesen rechtwinklig zum ersten um den Fuß. Sieht zwar aus, als hätte man die Beulenpest, funktioniert aber.

Ich habe es immer so gehalten, dass ich alle 4-5 Tage über Nacht Luft an die Sache gelassen habe und den „Verband" dann erneuert habe. Das Schaumstoffpolster kann man dabei meist wiederverwenden. Die eigentliche Ausheilung muss dann nach der Rückkehr zu Hause erfolgen.

Wenn man zwischendurch waten muss, ist das auch kein Problem. Kann ruhig alles nass werden — das Leukoplast lässt fast nichts durch. Solange der Kleber sich nicht löst — prima: never touch a running system!

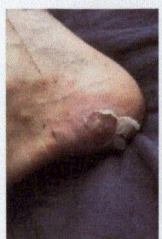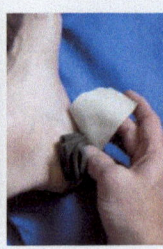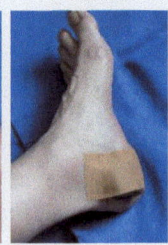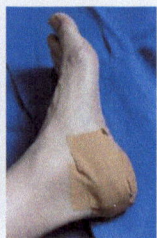

Wer keinen Sherpa mit einem Schrankkoffer voller Wechselklamotten neben sich herlaufen hat, wird voraussichtlich 2 oder 3 Wochen lang ein und dasselbe Outfit auf dem Laufsteg der textilen Gleichgültigkeit präsentieren. Zwangsläufig wird man am Ende der Reise von einer Aura des Unnahbaren umgeben sein. Gleichwohl muss eine gewisse Grundhygiene nicht zwangsläufig ausgeschlossen werden.

Was man tun kann – und eventuell auch wie – verraten die nachfolgenden Tipps.

Tipp: Waschzeug

Albtraum: die Flasche mit dem Waschgel hat sich geöffnet und der Inhalt hat sich in den Rucksack ergossen. Glück ist, wenn der kontaminierte Bereich nur ein kleiner Packbeutel ist.

Ich benutze auf Wanderungen ein Seifenstück (Speick) – geeignet für Haut und Haar. Das kann nicht auslaufen und ist zudem von geringerem Gewicht und Volumen als eine Waschgelflasche.

Tipp: Klopapier

Outdoor-Leben heißt zwar prinzipiell „back to the roots", jedoch muss man sich den Naturvölkern nicht unbedingt in der Weise annähern, dass man während der Tour mit einer Ess- und einer Kothand werkelt. Also sind Hilfsmittel erlaubt, die geeignet sind, Spuren des großen Verdauungsgeschäfts gar nicht erst an die äußeren, oberen Extremitäten bzw. in die Unterhose vordringen zu lassen.

Ordinäres Klopapier (1-, 2- oder n-lagig) zeichnet sich durch ein großes Packmaß aus. Je größer „n" ist, umso größer das Rollenvolumen. Diesen Mangel kann man teilweise heilen, indem einige Meter Papier abgewickelt, ganz eng wieder aufgewickelt und schließlich in den hohlen Rollenkern eingebracht werden.

Viel eleganter ist dagegen die Variante: **Feuchttücher** (gibt es auch umweltfreundlich, weil biologisch abbaubar). Geringeres Packmaß, höhere Reißfestigkeit, größerer Hygienefaktor und durch geringeren Reibungswiderstand deutlich körperfreundlicher – besonders dann, wenn man schon nah am „Wolf" läuft.

Du willst **kein Klopapier verwenden**? Geht auch! Grass, Blätter oder Moos in Reichweite leisten gute Dienste. Moos ist dabei die erste Wahl. Die letzten Rückstände kann man entweder ignorieren (und später als Klabusterbeeren abpflücken) oder verbleibend in der gewählten Kackposition per Wasserstrahl aus der Flasche – dosiert rücklings in die Kimme gegossen – abwaschen.

Tipp: Ganzkörperwaschung

Früher oder später — meist früher — ist es an der Zeit, den Schweiß und sonstigen Schmutz vom Körper zu waschen. Dazu bieten sich die Wildbäche und Flüsse und Seen geradezu an

Mit etwas Glück findet man in der Nähe des Zeltplatzes im benachbarten Gewässer eine Auswaschung, Vertiefung oder Ähnliches, die ein Untertauchen des kompletten Körpers erlaubt. Idealerweise sucht man seinen Zeltplatz vor dem Hintergrund einer anstehenden Badeeinheit aus.

Vorab: das Wasser ist in der Regel schwei-ne-kalt und eine Ganzkörperwaschung kostet immer wieder Überwindung.

Die Verweildauer im Wasser wird naturgemäß kurz sein. Daher empfiehlt es sich, das Einseifszenario noch auf dem Trockenen durchzuführen. Das Bergheferl oder einen Topf zum Nassmachen benutzen und ggf. auch schon zum Seife abspülen benutzen.

Beim Haare waschen mit der Dosierung des Abspülwassers Vorsicht walten lassen: kleine Portionen nehmen, ansonsten droht heftiges Kopfweh durch das kalte Wasser.

Zum krönenden Abschluss, wenn man denn so schön vorgenässt ist, beherzt in die „Wanne" stiefeln und langsam untertauchen. Heftiges, stoßweises Atmen, unterstützt durch Begeisterungsschreie, motiviert dazu, den Tauchvorgang auch wirklich abzuschließen.

Du wirst feststellen, dass es einfach herrlich ist, wenn man einmal drin ist. Wenn Du genug hast, raus, abtrocknen und die vorher bereit gelegte Kleidung überstreifen.

Ergebnis: Man fühlt sich total erfrischt und — sobald man wieder in den Kleidern steckt — wohlig warm.

WICHTIG: Auch beim Baden immer Trekkingsandalen anziehen. Man verliert in dem kalten Wasser sehr schnell das Gefühl in den Füßen, was die Verletzungsgefahr in den steinigen Flussbetten begünstigt.

Tipp: Pinkeln und das Andere

Was Männer zwischendurch erledigen, ohne den Rucksack abzusetzen, bedeutet für Frauen doch etwas mehr körperlichen Einsatz und zugleich eine zusätzliche Mückenfalle (s.u.).

Der andere Ausscheidungsvorgang von i.d.R. nicht-flüssiger Materie ist vornehmlich gekennzeichnet durch die permanente Abwesenheit gediegener weißer, ergonomisch geformter Keramik. Das führt dazu, über verschiedene Techniken nachzudenken, um zum einen lehmartigen Fallout vom Innenraum der Hose fernzuhalten und zum anderen Muskelkrämpfe in den Oberschenkeln zu vermeiden:

1)   <u>Die gemeine Hocke.</u> Sie ist grundsätzlich überall anzuwenden, jedoch sollte man die Bodenbeschaffenheit im Auge behalten. Befindet man sich z.B. mitten im Geröllfeld, könnte die Standsicherheit gefährdet sein; zu hoch gewachsener Pflanzenbewuchs — etwa im Weidengürtel — könnte sich ebenfalls unangenehm auswirken.

2)   <u>Anlehnen an Felsen.</u> Je nach Dauer ist das die Methode, die kräftige Oberschenkel verlangt. Die Oberschenkel sind waagerecht, man drückt sich mit dem Rücken an einen Felsen und lässt der Natur seinen Lauf. Die Hose nicht zu tief runterlassen — siehe oben Stichwort „Fallout".

3)   <u>Sitzen auf Stein.</u> Mit etwas Glück findet sich ein flacher Felsen, auf dessen Kante man sich setzen kann.

4)   <u>Donnerbalken.</u> In Waldgebieten bietet sich dazu idealerweise ein umgestürzter Baum an. Schade, dass man bei solchen günstigen Gelegenheiten nicht auf Vorrat....

Verwende Dein Papier sparsam und verteile es nicht großräumig in der Landschaft. Schön wäre es, wenn Du abschließend Deine Hinterlassenschaft mit einem Stein oder Erde abdeckst oder gar vermischst. Steine liegen ja überall genug herum. Folgewanderer und die ansässigen Mikroorganismen werden es Dir danken. Ideal wäre, das benutzte Papier komplett aus der Natur zu entfernen und im Müllsack mitzunehmen.

<u>Hinweis:</u>

Alle Techniken verlangen eine Entblößung der entsprechenden Körperregion → siehe hierzu auch: **Tipp: Mücken beim Stuhlgang.**

In Wandergebieten wie den Sarek oder Grönland gibt es in der Regel nur wenige Brücken. Daher ist es sehr wahrscheinlich, dass man in die Situation gerät, einen Wasserlauf auf andere Art überqueren – oder besser: *durch*queren – zu müssen. Das Nachstehende gilt für alle brückenlosen Wasserläufe.

Tipp: Waten

Hat man Glück und der Wasserstand ist niedrig und/oder der Wasserlauf ist schmal, kann der Weitermarsch ohne die erzwungene Unterbrechung durch Schuhwechsel im Idealfall steinhopsenderweise angegangen werden. Andernfalls ist waten (oder furten) angesagt.

Grundsätzlich gilt:

* niemals barfuß waten. Die Verletzungsgefahr durch gefühllose Füße wegen der Kälte und durch die von der Strömung mitgerissenen Steine ist zu groß. Alte Turnschuhe, Trekkingsandalen, Surfschuhe o.Ä. sind dazu gut geeignet;

* spätestens ab halber Wade Wassertiefe einen Wanderstock als drittes Bein benutzen – besser: **zwei** Wanderstöcke bzw. Trekkingstöcke (diese auf volle Länge ausziehen);

* bei zu großer Wassertiefe (max. bis zum Po) besser flachere Furt suchen, sonst ist der Wasserdruck zu hoch;

* Wasserstandsänderungen im Tagesablauf beachten; morgens ist der Pegel i.d.R. niedriger als am späteren Tag;

* wenn größere Felsen im Weg liegen, besser mit dem Spielbein festen Stand zwischen den großen Steinen suchen, als darauf (Rutschgefahr)

* Brust- und Hüftgurt des Rucksacks öffnen, um schnell aus den Gurten zu kommen – bei einem Sturz in knietiefes Wasser wird es schwierig, sich mit einem hohen Rucksackgewicht schnell genug wieder aufzurichten.

Technik

Schräg zur Strömung waten mit der Brust gegen die Strömung. Mit 2 Stöcken hat man immer 3 Fixpunkte (2 Füße, 1 Stock), die auch in starker Strömung einen stabilen Stand geben. Benutzt man nur einen (Wander)Stock, befindet man sich beim Vorwärtsgehen immer in einer wackligen Situation. Der zweite Stock - stromaufwärts gerichtet - sondiert den Grund, wird aufgesetzt und belastet, wenn der stromabwärts gerichtete Stock umgesetzt wird bzw. wenn der nächste Schritt getan wird.

Im Zweifelsfall lieber umkehren oder die Route umplanen, als ein unnötiges Risiko eingehen.

Ein offenes Lagerfeuer ist eine hochromantische Angelegenheit und liefert besonders in Zusammenhang mit einem Outdoor-Aufenthalt Gefühle von Freiheit und Abenteuer. Dazu tragen der heimelnde Lichterschein ebenso bei wie der beißende Rauch in den Augen.

Damit es ein positives Erlebnis für einen selbst und kein Einschneidendes für die Umwelt wird, sollten gewisse grundsätzliche Dinge beachtet werden.

Tipp: Feuer

Offenes Feuer wird im Nationalpark grundsätzlich **nicht gern gesehen.** Zum einen wegen der Brandgefahr – zumindest im Wald – , zum anderen wegen der Verschandelung der Landschaft. Bevor eine Feuerstelle wieder überwachsen sein wird, vergehen viele Jahre.

Offenes Feuer zum Kochen sollte vermieden werden – dafür hat man ja seinen Kocher dabei.

In Waldgebieten, entlang der markierten Pfade, gibt es aufgrund der Bodenbeschaffenheit wenig Möglichkeiten, sein Zelt aufzuschlagen. Wenn es einen geeigneten Platz gibt, wird er häufig von Wanderern frequentiert. Hier findet man in der Regel eine Feuerstelle vor, die man auch benutzen kann.

Im Fjäll erübrigt sich das Thema Feuer schon fast, da es dort nur wenig Brennmaterial gibt. Oberhalb der Baumgrenze muss man schon lange sammeln (tote Weiden- oder Wacholderäste), um ein Feuer überhaupt zu entfachen und hernach unterhalten zu können.

In der Übergangszone zwischen Wald und Fjäll herrscht häufig dicht bewachsener Boden mit Moosen und niedrigen Sträuchern vor. Will man hier ein Feuer entzünden und keine Spuren hinterlassen, empfiehlt es sich, mit dem Messer drei Seiten eines entsprechend großen Rechtecks für die Feuerstelle möglichst tief abzustechen und wie einen Teppich aufzuklappen. So kann man auf dem Erdreich zündeln, ohne den Bewuchs zu zerstören. Wenn man den Lagerplatz verlässt **und alles gut gelöscht hat,** einfach den aufgeklappten Pflanzenteppich wieder zurückrollen.

Als Brennmaterial nur nehmen, was auf dem Boden liegt. Keine Zweige oder Äste von lebenden Bäumen nehmen!

Die bessere Variante ist, wegen der Brandgefahr auf offenes Feuer gänzlich zu verzichten!

Im Fjäll können sich Torffeuer entwickeln, die sich unterirdisch weiterverbreiten und nur schwer in den Griff zu bekommen sind.

Um die blutrünstigste Kreatur des Hohen Nordens ranken sich die abenteuerlichsten Geschichten und Schauermärchen: es ist die **Mücke.**

Im Hochsommer erlebt die Teufelsbrut ihre Hochzeit und in dieser Periode muss der Terminus „himmlische Heerscharen" neu definiert werden. In dieser warmen Zeit sind die Sauger natürlich zahlreich, allerdings sind sie weit davon entfernt, ganz Lappland wie eine schwarze, wabernde Masse zu bedecken.

Trotzdem sind sie lästig und mitunter dermaßen nervig, dass man gelegentlich geneigt ist, die Brocken einfach hinzuschmeißen. Für einige in diese Kategorie fallende Situationen mögen die folgenden Tipps genügen. Der beste Tipp, um den Mücken zu entgehen, sei hier separat aufgeführt: die Reise einfach später antreten, etwa ab Mitte August, wenn im Fjäll der erste Frost zugeschlagen hat. Der dezimiert das Mückenvolk erheblich und der Rest ist längst nicht mehr so agil wie im Sommer.

> *Als es Abend wurde, kurz bevor die Sonne unterging, geriet ich in eine gewaltig große Menge von Mücken, es war zum Verwundern. Es schien, als erfüllten sie alle Luft, besonders über feuchten Wiesen, fuhren einem in Mund, Augen und Nase, denn sie wichen nicht von ihren Wege ab. Sie waren zwar nicht bösartig, da sie nicht stachen, aber ihrer waren so viele, dass man nicht atmen konnte. Ich langte in die Luft und kriegte Myriaden mit meiner Hand zu fassen, sie kamen alle um, waren aber so klein, dass ich sie nicht beschreiben konnte. Man nennt sie hier knort.*
> *[Linné, S. 97]*

Darüber hinaus gilt: dort, wo etwas Wind geht, hat man in der Regel Ruhe vor den Bestien.

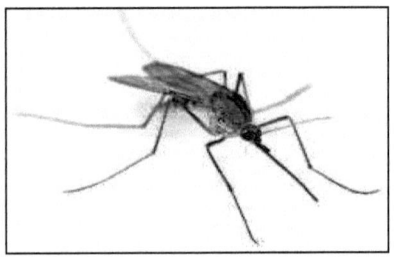

Tipp: Mückenabwehrmittelchen

Nichts hilft wirklich auf Dauer – traurig, aber wahr. Besonders, wenn man stark schwitzt. Mitteleuropäische Produkte - habe ich den Eindruck – setzen die Viecher nur auf Droge und putschen sie richtig auf.

Das Beste ist, lokal erhältliche Mittel zu verwenden. Nordic Summer, eine Paste, die „brandig, rauchig" daherkam – und von irgendjemanden als gesundheitsschädlich eingestuft worden ist, gibt es leider nicht mehr. Aktuell ist MYGGA auf aller Haut: gibt's als Spray und als Stick. Hält die Drecksviecher zumindest eine kleine Weile auf Abstand. Kann man auch online beschaffen.

Tipp: Mückendichte Socken

Falls Du welche findest: **mückendichte Socken** besorgen. Diese am Etappenende anziehen, wenn die schützenden Wanderschuhe von den Füßen gerissen werden. Das erspart eine Vielzahl von Stichen.

Alternativ kann man sich mückendichte Fußbehältnisse aus ggf. mitgeführten Produkten der Gefrierbeutelfraktion basteln: Füße rein, Hosenbeine schließen – fertig. Einziger Nachteil: durch den hermetischen Abschluss „gärt" es ziemlich in den Tüten. Deshalb Vorsicht beim Ausziehen: nicht zu nah am Feuer und weit weg von der eigenen Nase!

Tipp: Ruhe bewahren beim Mückenangriff

Hektisches Gefuchtel, auch wenn man mitten in einer Wolke fliegender Aggressoren steckt, bringt überhaupt nichts. Eine gewisse Anzahl Stiche sahnt man sowieso immer ab. Besser ist, man konzentriert sich auf den Kopf- und Nackenbereich als besonders verteidigungswürdiger Zone.

Tipp: Weitergehen trotz Mückenwolke

„Wer bremst, verliert!" Dieser Spruch könnte von den Mücken stammen. Natürlich schwirren immer einige um den Wanderer herum, doch die Wolkenbildung mit dem Wanderer als Zentrum setzt erst ein, wenn man stehenbleibt. Dann aber unmittelbar.

Tipp: Mücken im Zelt

Beim Zeltaufbau unvermeidlich: Mücken gelangen ins Innenzelt. Wenn alle Plörren drin sind, muss das Innenzelt dekontaminiert werden. Zunächst alle sichtbaren Rüsselträger am Zelthimmel eliminieren. Das heißt, wie auch immer dauerhaft platt machen: im Flug fangen und die Faust ballen, um den surrenden Stecher zu zerquetschen; von der Zeltwand aufscheuchen und mit in-die-Hände-klatschen auslöschen oder Einzelsubjekt anvisieren und gezielt zwischen Daumen und Zeigefinger festsetzen und genüsslich zerreiben. Den schwarzen Schmier der Mückenleichen irgendwo abwischen - nur keine Hemmungen, es kommen eh noch Hunderte dazu.

Anschließend alle Gegenstände im Innenzelt aufschütteln, um versteckte Blutsauger aufzuscheuchen. Mit diesen ebenfalls wie oben beschrieben verfahren. Nach Toilettengängen oder sonstigen Aktivitäten, zu denen das Mückengitter am Zelteingang geöffnet werden musste, erneut mit der Dekontaminierung beginnen.

Tipp: Mückennetz (für den Kopf)

Durchaus sinnvoll in Wald- oder Sumpfgebieten. Ist aber Geschmackssache. Mancher wird sich eventuell in seiner visuellen Wahrnehmung beeinträchtigt fühlen und kommt dadurch ggf. ins Stolpern. Muss man halt ausprobieren.

<u>Sub-Tipp:</u> Wenn man etwas trinken will, braucht man das Netz nicht hochzuklappen. Man kann direkt durchs Netz trinken. Eventuell festgesetzte Wassertröpfchen in Mundhöhe kann man einfach fortpusten. Nur spontanes Ausspucken halbfester Stoffe sollte man vermeiden.

Tipp: Mücken und Stuhlgang

Bevor man der ewig lauernden Brut seinen blanken Hintern als Zielscheibe präsentiert, sollte man diesen und angrenzende Bereiche, die zwangsläufig ebenfalls frei zugänglich werden, vorsorglich mit einem Mückenmittel tränken: entweder noch im Zelt oder zügig draußen, sobald die Hose unten ist.

Es versteht sich von selbst, dass die Zeitspanne für das anschließende Geschäft auf ein Minimum reduziert werden sollte.

Tipp: Mücken und Stillhalten

Neuere Erkenntnisse sagen: Hat die Mücke einmal zugestochen und saugt munter an Deinem Blut – verjage oder plätte sie nicht, sondern warte bis sie fertig ist.

Grund: die Mücke spritzt durch ihren Rüssel Proteine in die Haut, die die Blutgerinnung verhindern. So wird der Mückenrüssel beim Saugen nicht verstopft. Die Proteine lösen eine allergische Reaktion aus und verursachen die Ausschüttung von sog. Histamin, das an der Abwehr körperfremder Stoffe beteiligt ist und u.a. den Juckreiz verursacht. Das Gemisch aus Blut und Proteinen wird beim Saugen wieder aus dem menschlichen Körper entfernt. Dazu muss man der Mücke allerdings Zeit lassen, ihr Geschäft zu beenden.

Verjagt oder erschlägt man sie vorzeitig, verbleiben Teile der Proteine im Körper und lösen die beschriebenen Reaktionen aus.

Tipp: Was der Same empfiehlt...

Und was macht der gemeine Same gegen die Mücken? Na, nix!
Der Tipp von dieser Seite lautet: „Der Schmerz entsteht im Kopf."

Es ist also alles nur Einbildung. Welch ein Glück!

Wanderungen in der Wildnis haben eins gemeinsam: es gibt keine Wegweiser zur nächsten Burgerbude oder sonstwo hin. Das ist auch im Sarek so. Darum ist es immens wichtig, alle Sternbilder des nördlichen Nachthimmels auswendig zu lernen und jederzeit auf Anhieb den Polarstern bestimmen zu können. Ansonsten bist du in den nordischen Weiten rettungslos verloren…

→ *DAS IST NATÜRLICH TOTALER SCHWACHSINN!* ←

Tipp: Navigation

Karte und Kompass reichen vollkommen aus. Von den schwedischen Karten weiß ich, dass sie so gut sind, dass man allein damit zurecht kommt. Bei meinen Wanderungen habe ich bisher einmal wirklich meinen Kompass einsetzen müssen, als ich vom Nebel überrascht worden bin.

Trotzdem solltest Du vor Antritt der Reise die Handhabung des Kompasses geübt haben.

GPS ist nett, man braucht es aber nicht wirklich und es raubt Dir das Gefühl, in der freien Natur auch allein klar zu kommen.

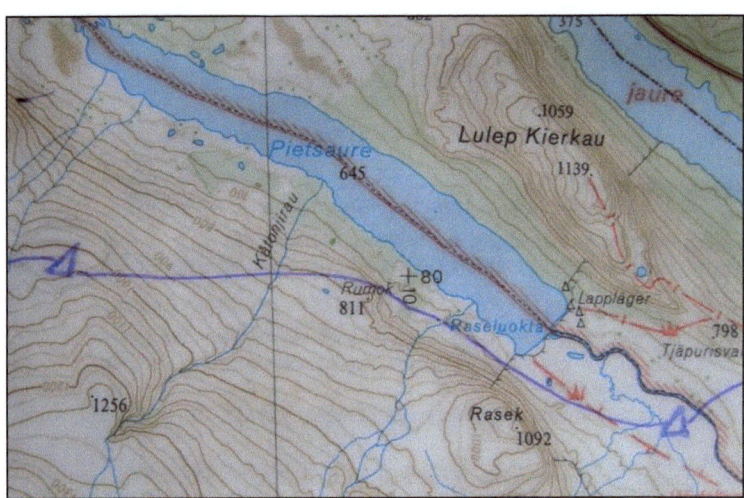

Kartenbeispiel Nya Fjällkartan

Wer eine solche Reise tut, braucht den einen oder anderen Ausrüstungs-gegenstand. Geeignetes Schuhwerk und ebensolcher Rucksack sind ein Muss. Dasselbe gilt für Zelt und Schlafsack, wenn man außerhalb der Hütten nächtigen will.

Darüber hinaus sind neben funktioneller Kleidung noch viele Kleinig-keiten zu berücksichtigen, die in vielen Situationen nützlich bis unver-zichtbar sind. Ich will an dieser Stelle keine Liste anführen. Darüber kann man sich bei der Vorbereitung auf die Reise bis zum Erbrechen im Netz tummeln. Meine persönliche Ausrüstungsliste habe ich auf meiner Seite www.longdistancetrekker.jimdo.com abgelegt.

Tipp: Ausrüstung

Konkrete Tipps zu einzelnen Ausrüstungsgegenständen wird es an dieser Stelle nicht geben. Dazu ist das Angebot und die Zahl der Outdoor-Läden zu groß und die persönlichen Vorlieben zu zahlreich.

Die einzige Empfehlung, die ich hier geben möchte, ist Folgende: Nicht sparen an Schuhen, Zelt und Rucksack. Alles andere ist zweitrangig und muss auch keine in-Marke sein, insbe-sondere Bekleidung. Hier tun es z.B. auch gebrauchte Bundeswehrhosen aus dem Army Shop. So kann man seine Ausrüstung nach und nach auch über mehrere Jahre vervollkommnen.

Denke daran, dass Du weitab von zivilisatorischen Einrichtungen sein wirst. In den Städten wird es gelegentlich noch möglich sein, mit Plastik zu bezahlen – und als Ausnahme noch in den Fjällstationen mit Straßenanbindung (auch Saltoluokta). Spätestens danach ist es damit aus und vorbei und es heißt: nur Bares ist Wahres. Die Überlandbusse in Schweden bieten zwar grundsätzlich Kartenzahlung an, allerdings kann das Gerät schon mal defekt sein. Dann ist man vom guten Willen des Fahrers abhängig. Alles schon erlebt.

Tipp: Bargeld

In den Fjällhütten und den Samensiedlungen sowieso kann man Proviant und ggf. Kunsthandwerk nur gegen Bargeld erstehen. Das gilt auch – was noch wichtiger ist – wenn man Boottransfers über Seen in Anspruch nehmen möchte, die der STF als Ruderstrecke ausgerufen hat. Oder wo es nur so weitergeht, etwa im Rapadelta. Dort bringt Lennart, der Teure, Wanderer vom Rand des Sarek Nationalparks nach Aktse oder umgekehrt.

Daran scheiden sich die Geister: wie ist das Zelt einzupacken? Fein säuberlich gefaltet oder chaotisch? Ich halte Letzteres für sinnvoller und verfahre damit wie mit dem Schlafsack.

Tipp: Zelt einpacken

Für ein gutes Zelt, auf das man sich in Regenzeiten verlassen können muss, hat man i.d.R. eine Menge Kohle auf den Tisch geblättert. Da scheut sich vielleicht der Eine oder Andere, das gute Stück beim Einpacken scheinbar „lieblos" zu behandeln. Doch tatsächlich ist Stopfen besser als Falten; d.h. Packsack mit der einen Hand aufhalten und mit der Anderen das Zelt irgendwie hineinstopfen – gnadenlos. Auch im nassen Zustand.

Es geht zum einen schneller, zum anderen ist es sinnvoller für die Lebensdauer des Zeltes. Denn Falten erzeugt nur Knicke und damit Sollschwachstellen für eindringendes Regenwasser.

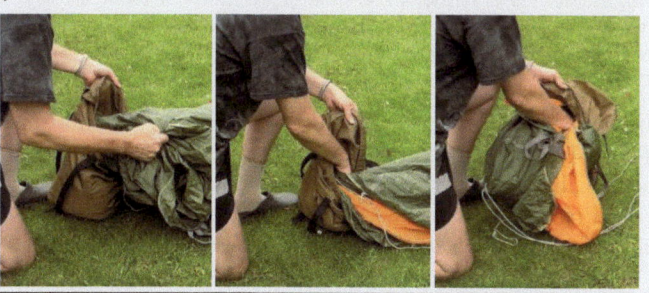

Das Ausmaß des Kleidungsfundus wird sich aus gewichts- und volumentechnischen Gründen in engen Grenzen halten. Das heißt: eine Garnitur befindet sich am Körper, die **eine** andere als Ersatz im Rucksack, falls man tatsächlich mal kladdernass geworden ist und die Temperaturen niedrig sind.

Tipp: Ersatzkleidung

Ersatzkleidung wasserdicht in Plastiktüten verpacken. So bleibt eine Garnitur selbst bei strömendem Regen und undichter Rucksackhülle (wenn man überhaupt eine dabei hat) oder gar bei einem Sturz in tieferes Wasser trocken.

Beim Verpacken in die Plastiktüten kurz vor dem Verschließen die Luft heraussaugen – verringert das Packvolumen und verhindert ungeplantes Platzen der Tüten beim Zusammenpressen.

Wer warm essen oder trinken will, braucht einen Kocher und entsprechende Gefäße. Das in Skandinavien am weitesten verbreitete Gerät ist der Trangia-Sturmkocher, betrieben mit Spiritus. Alternativ sind Gas- oder Benzinkocher im Angebot. In Lappland kann man Brennspiritus (T-Röd Bränsle) in der Regel auch in den Proviantshops der Hüttenstationen erwerben, bei Gaskartuschen kann es schon eng werden und Benzin geht meines Wissens gar nicht. Auf dem ACT gibt es gar keine Möglichkeit, irgendetwas zu erwerben.

Tipp: Spiritus transportieren

Wer einen Spirituskocher sein Eigen nennt, muss auch den zugehörigen Brennstoff transportieren. Meiner Meinung nach eignen sich SIGG-Flaschen dazu bestens: die sind stabil, leicht, platzsparend und sicher. Darüber hinaus hat die Flasche mit dem klassischen Drehverschluss den Vorteil, dass man den Verschluss nicht komplett herausdrehen muss. Auf halbem Wege befinden sich im Verschluss zwei kleine gegenüberliegende Löcher, die ein portioniertes Ausgießen erlauben. In der neueren Version sind es Längsrillen statt der Löcher. Die schlichte Alu-Variante gibt es in verschiedenen Größen (0,3 bis 1,5 Liter).

Das oben genannte Kochermodell hat den Vorteil, in kompakter Form 2 Töpfe, 1 Kessel und eine Pfanne nebst Brenner bereitzustellen. Es empfiehlt sich, für wenige Euros einen zweiten Brenner zu kaufen (einfach als Ersatz oder zur unterbrechungsfreien Verlängerung der Kochdauer → keinen Brennstoff in den heißen Brenner nachfüllen!)

Die Zubereitung der meisten dehydrierten Menüs verlangt die Vermischung pulverisierter Nahrung mit Wasser. Die beste Methode zu einem klumpenfreien Ergebnis zu kommen, ist die Verwendung eines Schneebesens.

> **Tipp: Küchenutensilien – Schneebesen**
>
> Ein **Mini-Schneebesen** (ca. 1 – 2 EUR) ist ein mit Gold nicht aufzuwiegendes Werkzeug bei der Herstellung kulinarischer Köstlichkeiten aus dehydrierten Nahrungsmittelkomponenten, die idealerweise klumpenfrei mit Wasser vermengt werden sollen. Das Ding ist klein, wiegt fast nichts und stiftet dabei unglaublichen Nutzen.

Bleibt noch die Frage, wie die Spuren der Völlerei am besten zu beseitigen sind. Es gibt angenehmere Arbeiten als das Reinigen der Töpfe nach einem opulenten Mahl. Da das Küchenequipment in der Regel dürftig ausfällt, wird es vermutlich häufiger zu angebrannten Spuren (z.B. Bratfett) oder einfach angetrockneten Resten kommen.

> **Tipp: Töpfe spülen**
>
> Trotz alledem braucht man eines nicht mitzuschleppen: Spülmittel. Ist eh nicht gut fürs Wasser und bringt auch nicht viel. Besser, man bedient sich der Natur und reibt das Spülgut mit Moos und Erde oder Sand ab. Das funzt ganz ungemein.

Spülmaschine mit Öko-Spülgang

Arctic Circle Trail

IMPRESSUM

Titel	Arctic Circle Trail – Trekking auf Grönland
Person(en)	Heyne, Klaus
Ausgabe	2. Aufl.
Verleger	Norderstedt : Books on Demand
Erscheinungsjahr	2020
ISBN	9783750425354
Umfang/Format	192 S., 88 teilw. farb. Fotos, 4 Illustrationen, 30 Karten und Diagramme; 210 mm x 148 mm,
Sachgruppe(n)	10 Geografie, Reisen
Erscheinungstermin	September 2020

ᴀArctic Circle Trail

Register

Beispiel für einen Tupilak